Alessandro Baricco
Oceano Mare

Zu diesem Buch

Der einsame Maler Plasson, der mit Meerwasser täglich das Meer neu zu malen beginnt. Professor Bartleboom, ein skurriler Wissenschaftler, der für eine Enzyklopädie die Grenzen des Ozeans festlegen möchte. Die schöne Madame Deverià, die in der Abgeschiedenheit des Strandes von der Liebe genesen will. Sie alle gehören zur illustren Gästeschar, die Baricco in der Pension Almayer irgendwo am Meer und außerhalb jeder Zeit versammelt hat. Die philosophisch anregenden Gespräche der hier Gestrandeten und die geheimnisvolle Atmosphäre dieses symbolträchtigen Mikrokosmos üben auf den Leser eine magische Anziehungskraft aus. »Oceano Mare« ist ein Buch voller Poesie und Weisheit, über die Sehnsucht nach Erkenntnis und Wahrheit, Erfüllung und Vollkommenheit. Ein Buch über Genies, Träumer und Sinnsucher.

Alessandro Baricco, geboren 1958 in Turin, studierte Philosophie und Musikwissenschaft. Seit den sensationellen Erfolgen seiner Bücher »Seide« (deutsch 1997), »Land aus Glas« (deutsch 1998), »Novecento« (deutsch 1999) und »Oceano Mare« (deutsch 2000) gehört Baricco zu den großen europäischen Autoren. In Italien wurde er außerdem berühmt durch eine erfolgreiche Fernseh-Literatursendung und die von ihm gegründete Schule für Kreatives Schreiben in Turin. Auf deutsch erschienen außerdem »Hegels Seele oder Die Kühe von Wisconsin« (1999) und »City« (2000).

Alessandro Baricco
Oceano Mare

Das Märchen vom Wesen des Meeres

Aus dem Italienischen von
Erika Cristiani

Piper München Zürich

Von Alessandro Baricco liegen in der Serie Piper außerdem vor:
Seide (2822, 3520)
Land aus Glas (2930)
Novecento (3085, 3522)
Oceano Mare (3521)

Ungekürzte Taschenbuchausgabe
Juni 2001
© 1993 RCS Rizzoli Libri S.p.A., Mailand
© 1994 RCS Libri & Grandi Opere S.p.A., Mailand
Titel der italienischen Originalausgabe:
»Oceano Mare«
© der deutschsprachigen Ausgabe:
2000 Piper Verlag GmbH, München
Umschlag: Büro Hamburg
Stefanie Oberbeck, Isabel Bünermann
Umschlagabbildung: Paola Piglia
Foto Umschlagrückseite: Roberto Koch, Agentur Focus
Satz: Uwe Steffen, München
Druck und Bindung: Clausen & Bosse, Leck
Printed in Germany   ISBN 3-492-23322-8

Für Molli, meine geliebte Freundin

Erstes Buch

Pension Almayer

I

Sand, so weit das Auge reicht, zwischen den letzten
Hügeln und dem Meer – *dem Meer* – in der kalten Luft
eines fast schon vergangenen Nachmittags, gesegnet
vom stets aus Norden kommenden Wind.

Der Strand. Und das Meer.

Es könnte die Vollkommenheit sein – ein Bild für
göttliche Augen –, eine Welt, die einfach geschieht und
nichts weiter, das stumme Dasein von Wasser und Land,
makelloses, sorgfältiges Werk, Wahrheit – *Wahrheit* –;
doch auch diesmal wieder ist es das rettende menschliche Sandkörnchen, das den Mechanismus jenes Para-
dieses aus dem Takt bringt, eine Geringfügigkeit nur,
aber ausreichend, um die gesamte große Maschinerie
der unerbittlichen Wahrheit zum Stillstand zu bringen,
eine Winzigkeit, ein unmerklicher, in den Sand ge-
setzter Fremdkörper in der Oberfläche jener heiligen
Ikone, eine winzige Abweichung von der Makellosigkeit des endlosen Strandes. Aus der Ferne betrachtet
bloß ein schwarzer Punkt: im Nichts die Nichtigkeit
eines Mannes und einer Staffelei.

Die Staffelei ist mit dünnen Schnüren an vier in den
Sand gesteckten Steinen verankert. Sie schwankt un-
merklich im Wind, der immer noch von Norden
kommt. Der Mann trägt hohe Stiefel und eine weite

Anglerjacke. Er steht dem Meer zugewandt und rollt einen feinen Pinsel zwischen den Fingern hin und her. Auf der Staffelei eine Leinwand.

Er ist so etwas wie ein Wachposten – das *gilt es* zu begreifen –, der da steht, um dieses Stückchen Welt gegen die stille Invasion der Makellosigkeit zu verteidigen, ein Sprung, der das einzigartige Szenarium des Seins zerbricht. Seit jeher ist es so; schon der Schatten eines Menschen reicht aus, die Ruhe dessen, was im Begriff ist, *Wahrheit* zu werden, aufzuhalten und augenblicklich zurückzuwerfen zu neuer Erwartung und Frage; und das alles durch die einfache und unendliche Macht jenes Menschen, der Riß ist und Sprung, eine schmale Pforte, aus der Geschichten fließen wie Flüsse und das riesige Repertoire dessen, was sein *könnte*, ein Ausblick ohne Ende, eine wunderbare Wunde, ein Pfad aus abertausend Schritten, wo nichts mehr wahr werden kann, aber alles *sein* wird – gerade so wie es die Schritte der Frau *sind*, die, in einen violetten Mantel gehüllt, den Kopf bedeckt, an der Brandung des Meeres entlang langsam über den Strand schreitet. Von rechts nach links schürft sie an der nunmehr verlorengegangenen Makellosigkeit des großen Gemäldes, indem sie die Entfernung, die sie von dem Mann und seiner Staffelei trennt, bis auf wenige Schritte aufzehrt und schließlich neben ihm ist, dort, wo es nur noch einer Winzigkeit bedarf, stehenzubleiben – und schweigend zu schauen.

Der Mann wendet sich nicht einmal um. Er beobachtet weiter das Meer. Stille. Hin und wieder taucht er den Pinsel in eine Kupferschale und skizziert ein paar leichte Linien auf die Leinwand. Die Borsten des Pinsels hinterlassen einen sehr blassen Schatten, den der

Wind sogleich trocknet, was das vorherige Weiß erneut zum Vorschein bringt. Wasser. In der Kupferschale ist nur Wasser. Und auf der Leinwand nichts. Nichts, was zu *sehen* wäre.

Wie immer weht der Wind von Norden her, und die Frau hüllt sich enger in ihren violetten Mantel.

»Plasson, Tag um Tag arbeiten Sie hier unten. Wozu tragen Sie alle die Farben mit sich herum, wenn Sie nicht den Mut haben, sie zu benutzen?«

Das scheint ihn aufzuscheuchen. Das hat ihn getroffen. Er dreht sich um, um der Frau ins Gesicht zu schauen. Und als er spricht, ist es nicht der Antwort wegen.

»Ich bitte Sie, bewegen Sie sich nicht«, sagt er.

Dann hält er den Pinsel nah an das Gesicht der Frau, zögert einen Augenblick, setzt ihn auf ihre Lippen und streicht ihn leicht von einem Mundwinkel zum anderen. Die Borsten färben sich karminrot. Er schaut auf die Borsten, taucht sie nur eben ins Wasser und richtet seinen Blick wieder aufs Meer. Auf den Lippen der Frau bleibt der Hauch eines Geschmacks zurück, der sie denken läßt: »Salzwasser, dieser Mann malt das Meer mit dem Meer« – und das ist ein Gedanke, der sie schaudern läßt.

Längst hat sie sich umgedreht und geht im mathematischen Rosenkranz ihrer Schritte über den weiten Strand zurück, indes der Wind über die Leinwand streicht, einen Hauch des rosigen Lichts zu trocknen, der nackt auf dem Weiß schwebt. Stundenlang könnte man das Meer anschauen und den Himmel und alles zusammen und würde doch nichts finden, was diese Farbe hätte. Nichts, was *sichtbar* wäre.

In der Gegend dort steigt die Flut, bevor die Dunkelheit hereinbricht. Kurz vorher. Das Wasser umspült den Mann und seine Staffelei, nimmt sie sich allmählich, aber gewissenhaft; beide, der eine wie die andere, verharren ungerührt, einer Miniaturinsel gleich oder einem zweiköpfigen Strandgut.

Plasson, der Maler.

Jeden Abend kurz vor Sonnenuntergang, wenn ihm das Wasser schon bis ans Herz gestiegen ist, holt ihn ein kleines Boot ab. Er will es so. Er steigt in das Boot, bringt seine Staffelei und alles andere darin unter und läßt sich nach Hause rudern.

Der Posten zieht ab. Sein Wachdienst ist beendet. Die Gefahr gebannt. Im Sonnenuntergang verglüht die Ikone, der es wieder nicht gelungen ist, geweiht zu werden. Alles wegen dieses Männchens mit seinen Pinseln. Nun, da er fort ist, bleibt keine Zeit mehr. Die Dunkelheit macht allem ein Ende. Nichts kann im Dunkeln *wahr* werden.

… selten nur, und auf eine Weise, daß manche in den Augenblicken, in denen sie sie sahen, sich flüsternd sagen hörten:

»Sie wird daran zugrunde gehen«,

oder

»sie wird daran zugrunde gehen«,

oder auch

»sie wird daran zugrunde gehen«,

und sogar

»sie wird daran zugrunde gehen.«

Ringsumher Hügel.

Mein Land, dachte der Baron von Carewall.

Es ist nicht wirklich eine Krankheit, obwohl es eine sein könnte, sondern etwas Geringeres; falls es einen Namen dafür gibt, muß es ein federleichter sein, du sagst ihn hin, und gleich ist er wie weggeweht.

»Als sie noch ein Kind war, kam eines Tages ein Bettler vorbei und begann, ein Klagelied anzustimmen, das Klagelied scheuchte eine Amsel auf, und sie flog davon…«

»… scheuchte eine Turteltaube auf, sie flog davon. Und das Flügelschlagen…«

»… die Flügel schlagen fast unhörbar leise…«

»... es muß wohl zehn Jahre her sein...«

»... die Turteltaube fliegt an ihrem Fenster vorbei, nur ein Augenblick, einfach so, sie blickt von ihren Spielsachen auf, und, ich weiß auch nicht, Entsetzen hat sie gepackt, blankes Entsetzen, ich meine, nicht wie jemanden, der Angst hat, sondern wie jemanden, der im Begriff ist zu verschwinden...«

»... das Flügelschlagen...«

»... wie jemand, dem seine Seele entweicht...«

»... glaubst du mir?«

Sie glaubten, all das werde überstanden sein, wenn sie erwachsen wäre. Doch bis es soweit war, legten sie erst einmal überall im Schloß Teppiche aus, denn offensichtlich erschrak sie vor ihren eigenen Schritten, weiße Teppiche überall, eine Farbe, die nicht schmerzen sollte, geräuschlose Schritte und blinde Farben. Die Wege im Park waren kreisförmig angelegt bis auf eine einzige gewagte Ausnahme, zwei Alleen nämlich, die – sich in weichen, regelmäßigen Kurven biegend – sich wie Psalmen schlängelten. Was durchaus sinnvoll war, denn in der Tat genügt schon ein Minimum an Feinfühligkeit, um einzusehen, daß jeder unübersichtliche Winkel ein möglicher Hinterhalt ist: ebenso wie zwei Wege, die sich kreuzen, eine geometrische, vollkommene Gewalt ausüben können, ausreichend, um jeden, der ernsthaft mit wahrer Sensibilität ausgestattet ist, zu erschrecken, und um wieviel mehr sie, die *eigentlich* keine feinfühlige Seele besaß, jedoch – um es einmal klar auszudrücken – von einer unkontrollierbaren seelischen Sensibilität *besessen war*, ausgebrochen in irgendeinem Augenblick ihres geheimen Lebens – eines geringen Lebens, jung, wie sie war –, die ihr auf unsichtbaren Wegen ins Herz stieg und in die Augen, in die Ohren und Hände und überallhin wie eine Krankheit, die dennoch keine Krankheit war, sondern etwas Geringeres, und falls es einen Namen dafür gibt, muß es ein federleichter sein, du sagst ihn hin, und gleich ist er wie weggeweht.

Deshalb waren die Wege im Park kreisförmig.

Nicht zu vergessen die Geschichte mit Edel Trut, die, was die Seidenweberei anbelangte, im ganzen Land nicht ihresgleichen hatte und die ebendarum an einem Wintertag, an dem der Schnee kinderhoch lag, zum Baron bestellt wurde. Es war bitterkalt, und der Weg dorthin war die Hölle, das Pferd, das die Hufe aufs Geratewohl in den Schnee setzte, dampfte, und der Schlitten rumpelte hinterher. Ich werde wohl sterben, wenn ich in den nächsten zehn Minuten nicht ankomme, so wahr ich Edel heiße, ich sterbe, und außerdem werde ich nicht mehr erfahren, was zum Teufel der Baron mir so Wichtiges zeigen will ...

»Was siehst du, Edel?«

Im Zimmer der Tochter steht der Baron vor der langen, fensterlosen Wand und spricht leise, mit einer altertümlichen Zartheit.

»Was siehst du?«

Bourgognestoff, gute Qualität und Landschaften, wie es viele gibt, gute Arbeit.

»Es sind keine beliebigen Landschaften, Edel. Jedenfalls nicht für meine Tochter.«

Seine Tochter.

Es ist etwas Rätselhaftes, aber man muß versuchen, es zu erfassen, indem man die Einbildungskraft anstrengt und vergißt, was man weiß, damit die Phantasie ungehindert schweifen und weit in die Dinge hineinfließen kann, bis man erkennt, daß die Seele nicht immer ein Diamant, sondern manchmal auch ein Seidenschleier ist – das kann ich gut verstehen –, man stelle sich einen durchsichtigen Seidenschleier vor, wie leicht könnte er, schon durch einen Blick allein, zerreißen, und man stelle sich die Hand vor, die ihn lüftet – eine Frauenhand – ja –, die sich sacht bewegt und ihn zwischen den Fingern hält, wobei halten schon zu stark ist, sie lüftet ihn, als sei es keine Hand, sondern ein Windhauch, und hält ihn in den Fingern, als seien es keine Finger, sondern… als seien es keine Finger, sondern Gedanken. So etwa. Dieses Zimmer ist jene Hand und meine Tochter ein Seidenschleier.

Ja, ich habe es verstanden.

»Ich will keine Wasserfälle, Edel, sondern den Frieden eines Sees, ich will keine Eichen, sondern Birken, und die Berge da hinten sollen zu Hügeln werden, der Tag zum Sonnenuntergang, der Wind zur Brise, die Städte zu Dörfern, die Schlösser zu Gärten. Und wenn Falken wirklich unverzichtbar sind, dann sollen sie wenigstens fliegen, aber im Hintergrund.«

»Gut, ich habe verstanden. Nur eines noch: Was ist mit den Menschen?«

Der Baron schweigt. Eine nach der anderen betrachtet er alle Figuren auf der sehr großen Tapisserie, als wolle er deren Meinung hören. Er geht von einer Wand zur anderen, doch niemand spricht. Was zu erwarten war.

»Edel, gibt es eine Art, Menschen darzustellen, die nichts Böses tun?«

Das wird auch Gott sich gefragt haben, als es soweit war.

»Ich weiß es nicht. Aber ich will's versuchen.«

In Edel Truts Werkstatt verarbeiteten sie monatelang viele Kilometer Seidengarn, das der Baron hatte liefern lassen. Sie arbeiteten stillschweigend, denn, so sagte Edel, die Stille sollte in das Gewebemuster mit eingearbeitet werden. Es war ein Faden wie die anderen, nur daß man ihn nicht sah, obwohl er da war. Also arbeiteten sie stillschweigend.

Monatelang.

Eines Tages kam schließlich ein Karren zum Schloß des Barons, und auf dem Karren befand sich Edels Meisterwerk. Drei enorme Stoffballen, die so schwer wogen wie die Kreuze einer Prozession. Sie wurden die Freitreppe hinauf- und die Flure entlanggetragen, von Tür zu Tür bis ins Herz des Schlosses, in den Raum, für den sie bestimmt waren. Einen Augenblick, bevor sie ausgerollt wurden, flüsterte der Baron:

»Was ist mit den Menschen?«

Edel lächelte.

»Wenn Menschen unverzichtbar sind, dann sollen sie wenigstens fliegen, aber im Hintergrund.«

Der Baron wählte das Licht des Sonnenuntergangs, um seine Tochter bei der Hand zu nehmen und sie in ihr neues Zimmer zu bringen. Edel sagt, daß sie gleich beim Eintreten vor Staunen errötete, und der Baron befürchtete einen Augenblick lang, die Überraschung könnte zu groß sein, doch nur eine Sekunde lang, denn sogleich machte sich die unwiderstehliche Stille bemerkbar, die von dieser seidenen Welt ausging, in der eine gütige Erde heiter ruhte und in der Luft schwebende kleine Menschen gemächlichen Schrittes durch den blaßblauen Himmel glitten.

Edel sagt – und das wird sie nie vergessen –, daß sie sich alles lange anschaute, und als sie sich schließlich umwandte – *lächelte sie*.

Sie hieß Elisewin.

Sie hatte eine wunderschöne Stimme – samten –, und wenn sie ging, sah es aus, als gleite sie durch die Luft, man konnte gar nicht aufhören, sie anzuschauen. Ab und zu bekam sie Lust, ohne ersichtlichen Grund loszurennen, die Flure entlang, wem oder was auch immer entgegen, auf diesen schrecklichen weißen Teppichen. Dann hörte sie auf, der Schatten zu sein, der sie war, und rannte, aber das geschah nur selten und auf eine Weise, daß manche in den Augenblicken, in denen sie sie sahen, sich flüsternd sagen hörten...

3

Die Pension Almayer konnte man zu Fuß über den Pfad erreichen, der von der Kapelle Saint Amand abwärts führte, aber auch mit dem Wagen über die Straße von Quartel her, oder auch im Kahn den Fluß hinunter. Professor Bartleboom kam durch Zufall.

»Ist dies der Gasthof Zum Frieden?«

»Nein«.

»Das Gasthaus Saint Amand?«

»Nein.«

»Das Hotel Zur Post?«

»Nein«.

»Der Königliche Hering?«

»Nein«.

»Gut. Haben Sie ein Zimmer?«

»Ja.«

»Ich nehm's.«

Auf einem Holzpult wartete aufgeschlagen das Gästebuch. Ein frisch bezogenes Bett aus Papier, das auf die Träume neuer Namen wartete. Der Federhalter des Professors schlüpfte voller Leidenschaft unter die Decke.

Ismael Adelante Ismael Prof. Bartleboom

Mit Schnörkeln und allem drum und dran. Ein Pracht-exemplar.

»Der erste Ismael ist mein Vater, der zweite mein Großvater.«

»Und der da?«

»Adelante?«

»Nein, der nicht... dieser hier.«

»Prof.?«

»Mhm.«

»Professor natürlich, das heißt *Professor*.«

»Was für ein dummer Name.«

»Das ist kein Name... ich *bin* Professor, ich lehre, verstehen Sie? Ich gehe durch die Straßen, und die Leute rufen mir zu: guten Tag, Professor Bartleboom, guten Abend, Professor Bartleboom, aber das ist kein Name, das ist das, was ich tue, ich lehre...«

»Kein Name.«

»Nein.«

»Na gut. Ich heiße Dira.«

»Dira.«

»Ja. Ich gehe durch die Straßen, und die Leute rufen mir zu: guten Morgen, Dira, gute Nacht, Dira, wie schön du heute aussiehst, Dira, was für ein hübsches Kleid du anhast, Dira. Hast du zufällig Bartleboom gesehen, nein, er ist in seinem Zimmer, erster Stock, das letzte am Ende des Korridors, hier sind die Handtücher, nehmen Sie, es liegt zur Meerseite, ich hoffe, das stört Sie nicht.«

Professor Bartleboom – von dem Augenblick an einfach nur Bartleboom – nahm die Handtücher.

»Fräulein Dira...«

»Ja?«

»Darf ich mir eine Frage erlauben?«

»Nämlich?«

»Wie alt sind Sie eigentlich?«

»Zehn.«

»Ach so.«

Bartleboom – seit kurzem Exprofessor Bartleboom – nahm seine Koffer und machte sich auf den Weg zur Treppe.

»Bartleboom...«

»Ja?«

»Man fragt junge Damen nicht nach dem Alter«.

»Das stimmt. Verzeihen Sie.«

»Erster Stock. Das letzte am Ende des Korridors.«

Im Zimmer am Ende des Korridors (erster Stock) gab es ein Bett, einen Schrank, zwei Stühle, einen Ofen, einen kleinen Schreibtisch, einen Teppich (blau), zwei völlig gleiche Bilder, einen Waschtisch mit Spiegel, eine Truhe und einen Jungen: Er saß auf dem Sims des (geöffneten) Fensters, hatte dem Zimmer den Rücken zugewandt, seine Beine baumelten im Leeren.

Um irgendein beliebiges Geräusch zu machen, machte sich Bartleboom mit einem gemessenen Hüsteln bemerkbar.

Nichts.

Er betrat das Zimmer, stellte die Koffer ab, ging nah an die beiden Bilder heran (völlig gleich, kaum zu glauben), setzte sich aufs Bett und zog mit spürbarer Erleichterung die Schuhe aus, stand wieder auf, schaute sich im Spiegel an, stellte fest, daß er immer noch er selbst war (man kann ja nie wissen), nahm den Schrank kurz in Augenschein, hängte seinen Mantel hinein und ging zum Fenster hinüber.

»Gehörst du zum Mobiliar, oder bist du zufällig hier?«

Der Junge bewegte sich keinen Millimeter. Wenigstens gab er Antwort:

»Mobiliar.«

»Aha.«

Bartleboom ging zurück zum Bett, knotete die Krawatte auf und streckte sich aus. An der Decke Feuchtigkeitsflecken wie schwarzweiß gemalte tropische Blumen. Er schloß die Augen und schlief ein. Er träumte, daß man ihn aufgefordert hatte, das Riesenweib beim Zirkus Bosendorf zu vertreten, und als er in der Manege war, erkannte er in der ersten Reihe seine Tante Adelaide, eine feine Dame mit allerdings zweifelhaften Sitten, die zuerst einen Piraten küßte, dann eine Frau, die so aussah wie sie selbst, und schließlich eine hölzerne Heiligenstatue, die wohl gar keine richtige Statue war, da sie auf einmal zu laufen anfing, geradewegs auf Bartleboom zukam und dabei irgend etwas brüllte, was nicht recht zu verstehen war, aber das Mißfallen des gesamten Publikums erregte, und zwar so sehr, daß er – Bartleboom – sich gezwungen sah, wegzulaufen, so schnell er konnte, und sogar auf den hochverdienten Lohn von – um es genau zu sagen – 128 Talern verzichtete, der mit dem Zirkusdirektor ausgehandelt war. Er wachte auf. Der Junge war noch da. Nur, daß er sich umgedreht hatte und zu ihm hinschaute. Mehr noch, er sprach ihn an.

»Waren Sie eigentlich mal im Zirkus Bosendorf?«

»Bitte?«

»Ich habe Sie gefragt, ob Sie jemals drin waren, im Zirkus Bosendorf.«

Bartleboom setzte sich im Bett auf.

»Was weißt denn du vom Zirkus Bosendorf?«

»Nichts. Nur, daß ich ihn gesehen habe, er ist voriges Jahr hier vorbeigekommen. Sie hatten Tiere und all so was. Auch ein Riesenweib.«

Bartleboom fragte sich, ob es nicht angebracht wäre, sich nach Tante Adelaide zu erkundigen. Zwar war sie vor Jahren schon gestorben, aber dieses Kind schien eine Menge zu wissen. Schließlich beschränkte er sich lieber darauf, das Bett zu verlassen und zum Fenster zu gehen.

»Wenn es dir nichts ausmacht, ich muß ein bißchen Luft schnappen.«

Der Junge rückte auf der Fensterbank ein Stückchen zur Seite. Kalte Luft und Nordwind. Vor ihm bis ins Unendliche das Meer.

»Was sitzt du hier oben die ganze Zeit herum?«

»Ich schaue.«

»Da gibt's nicht viel zu sehen.«

»Sie scherzen wohl?«

»Na ja, man sieht das Meer, das stimmt, aber das Meer ist das Meer, immer gleich, Meer bis zum Horizont; wenn's hochkommt, fährt mal ein Schiff vorbei, was ja auch gerade nichts Weltbewegendes ist.«

Der Junge wandte sich zum Meer hin, wandte sich wieder Bartleboom zu, wandte sich wieder zum Meer hin und wandte sich erneut Bartleboom zu.

»Wie lange bleiben Sie?« fragte er ihn.

»Ich weiß nicht. Ein paar Tage.«

Der Junge kam vom Fensterbrett herunter, ging auf die Tür zu und blieb auf der Schwelle stehen, von wo aus er Bartleboom eine Zeitlang beobachtete.

»Sie sind mir sympathisch. Wenn Sie abreisen, sind Sie vielleicht nicht mehr ganz so dumm.«

Bartleboom wurde immer neugieriger zu erfahren, wer diese Kinder wohl erzogen hatte. Ein Phänomen offenbar.

Abend. Pension Almayer. Zimmer im ersten Stock am Ende des Korridors. Schreibtisch, Petroleumlampe, Stille. Ein grauer Morgenmantel, darin Bartleboom. Zwei graue Pantoffeln, darin seine Füße. Ein leeres Blatt auf dem Schreibtisch, Federhalter und Tintenfaß. Bartleboom schreibt. Er schreibt.

Meine Angebetete,

nun bin ich am Meer angekommen. Ich erspare Ihnen die Mühen und das Elend der Reise: was zählt, ist, daß ich jetzt hier bin. Die Pension ist einladend: einfach, aber einladend. Sie liegt auf der Kuppe eines kleinen Hügels direkt am Strand. Abends steigt die Flut, und das Wasser kommt fast bis unter mein Fenster. Man könnte meinen, man sei auf einem Schiff. Es würde Ihnen gefallen.

Ich war noch nie auf einem Schiff.

Morgen werde ich meine Studien aufnehmen. Der Ort scheint mir ideal dafür. Zwar verkenne ich nicht die Schwierigkeit des Unterfangens, aber Sie wissen – Sie allein auf der Welt –, wie sehr ich bestrebt bin, das Unternehmen zu Ende zu bringen, das ich ehrgeizig an einem Glückstag vor zwölf Jahren ausgearbeitet und begonnen habe. Sie mir bei guter Gesundheit und in freu-

diger Stimmung zu denken wird mir zur Ermutigung dienen.

Tatsächlich hatte ich nie zuvor daran gedacht: aber ich war wirklich noch nie auf einem Schiff.

In der Einsamkeit dieses von der Welt abgelegenen Ortes begleitet mich die Gewißheit, daß Sie in der Ferne nicht die Erinnerung verlieren an den, der Sie liebt und immer der Ihre sein wird.

Ismael A. Ismael Bartleboom

Er legt den Federhalter hin, faltet das Blatt zusammen und schiebt es in einen Umschlag. Er steht auf, nimmt eine Kassette aus Mahagoniholz aus seinem Schrankkoffer, klappt den Deckel auf und läßt den Brief unverschlossen und ohne Anschrift hineinfallen. In der Kassette befinden sich Hunderte ebensolcher Umschläge. Unverschlossen und ohne Anschrift.

Bartleboom ist achtunddreißig. Er glaubt, daß er eines Tages irgendwo auf der Welt einer Frau begegnen wird, die von jeher *seine* Frau ist. Manchmal grämt er sich darüber, daß das Schicksal ihn so beharrlich und mit taktloser Hartnäckigkeit warten läßt, doch mit der Zeit hat er gelernt, die Sache mit großer Gelassenheit zu betrachten. Seit Jahren nun schon ergreift er fast täglich die Feder und schreibt ihr. Er hat weder Namen noch Anschriften, die er auf die Umschläge schreiben könnte: aber er hat ein Leben, das er erzählen kann. Und wem sonst, wenn nicht ihr? Wenn sie sich begegnen werden, so denkt er, wird es eine Freude sein, ihr eine mit Briefen angefüllte Mahagonikassette in den Schoß zu legen und ihr zu sagen:

»Ich habe auf dich gewartet.«

Sie wird die Kassette öffnen, und mit Bedacht wird sie, wann immer sie will, die Briefe einen nach dem anderen lesen und dabei einer kilometerlangen Spur blauer Tinte folgen und die Jahre – die Tage, die Augenblicke – an sich nehmen, die jener Mann ihr bereits geschenkt hatte, als er sie noch gar nicht kannte. Oder sie wird ganz einfach die Kassette ausschütten und – verblüfft über den lustigen Briefregen – lächelnd zu dem Mann sagen:

»Du bist verrückt.«

Und für alle Zeit wird sie ihn lieben.

4

»Pater Pluche…«

»Ja, Herr Baron.«

»Morgen wird meine Tochter fünfzehn.«

»…«

»Vor acht Jahren habe ich sie in Ihre Obhut gegeben.«

»…«

»Sie haben sie nicht geheilt.«

»Nein.«

»Sie wird eines Tages heiraten müssen.«

»…«

»Sie wird dieses Schloß verlassen und in die Welt hinaus müssen.«

»…«

»Sie soll Kinder bekommen und…«

»…«

»Kurz und gut, sie wird doch anfangen müssen zu
leben, endlich einmal.«

»…«

»…«

»…«

»Pater Pluche, meine Tochter muß geheilt werden.«

»Ja.«

»Finden Sie jemand, der sie heilen kann. Und bringen Sie ihn her.«

Der berühmteste Doktor im Land hieß Atterdel. Viele hatten mit angesehen, wie er Tote zum Leben erweckte, Leute, die schon mehr drüben als hüben, die genaugenommen schon gegangen, geliefert waren, und er hatte sie aus der Hölle geangelt und dem Leben zurückgegeben, was, wenn man so will, auch etwas peinlich, manchmal gar unangebracht war, doch muß man Verständnis dafür haben, denn das war nun mal sein Handwerk, und niemand beherrschte es so gut wie er, so daß die betroffenen Auferstandenen, ihre Freunde und alle Verwandten wohl oder übel wieder von vorn anfangen und Tränen und Erbe auf bessere Zeiten verschieben mußten; beim nächsten Mal werden sie wahrscheinlich rechtzeitig darüber nachdenken und einen normalen Doktor rufen, einen von denen, der sie umbringt und basta, und nicht so einen wie diesen hier, der sie wieder auf die Füße stellt, nur weil er der berühmteste im ganzen Land ist. Und der teuerste sowieso.

Pater Pluche dachte also an Doktor Atterdel. Nicht, daß er den Ärzten in besonderem Maße vertraute, das nicht, aber in allen Belangen, bei denen es um Elisewin ging, fühlte er sich gehalten, mit dem Kopf des Barons zu denken statt mit dem eigenen. Und des Barons Kopf dachte, wo Gott scheiterte, könnte womöglich die Wissenschaft es schaffen. Gott war gescheitert. Jetzt war Atterdel an der Reihe.

Er kam in einer schwarzen, glänzenden Kutsche zum Schloß, als ob er Trauer trüge, machte dabei aber gleichwohl einen imposanten Eindruck. Schnellen Schrittes stieg er die Treppe hinauf, und als er vor Pater Pluche stand, fragte er, fast ohne ihn anzuschauen:

»Sind Sie der Baron?«

»Schön wär's.«

Das war typisch Pater Pluche. Er konnte sich einfach nicht beherrschen. Er sagte nie, was er eigentlich hätte sagen sollen. Vorher kam ihm immer etwas andres in den Sinn. Einen Augenblick vorher. Der aber war mehr als ausreichend.

»Dann sind Sie Pater Pluche.«

»Richtig.«

»Sie also haben mir geschrieben.«

»Ja.«

»Nun, Sie haben eine eigentümliche Art zu schreiben.«

»Wie meinen Sie das?«

»Sie brauchten nicht alles in Versform zu schreiben. Ich wäre trotzdem gekommen.«

»Sind Sie sich dessen sicher?«

Hier zum Beispiel wäre die richtige Antwort gewesen:

»Verzeihen Sie, das war eine alberne Spielerei«,

und in der Tat kam dieser Satz perfekt zusammengesetzt in Pater Pluches Kopf an, geradlinig und sauber, doch mit einem winzigen Augenblick Verspätung, so daß ihm von ganz unten her ein dummes Geplapper nach oben rutschte, das – sobald es an der stummen Oberfläche auftauchte – sich in unwidersprechlicher Klarheit als die gänzlich unpassende Frage herauskristallisierte:

»Sind Sie sich dessen sicher?«

Atterdel richtete seinen Blick auf Pater Pluche. Eigentlich war es mehr als ein Blick. Es war eine ärztliche Untersuchung.

»Ich bin mir sicher.«

Das haben sie Gutes an sich, die Männer der Wissenschaft: Sie sind sich sicher.

»Wo ist das junge Mädchen?«

»Ja ... Elisewin .... So heiße ich. Elisewin.«

»Ja, Herr Doktor.«

»Nein, wirklich nicht, ich habe keine Angst. Ich spreche immer so. Das ist meine Stimme. Pater Pluche sagt ...«

»Danke, mein Herr.«

»Ich weiß auch nicht. Die sonderbarsten Dinge. Aber es ist keine Angst, wirkliche *Angst*, es ist etwas anderes ... die Angst kommt von außen, das habe ich schon begriffen, man steht da, und die Angst kommt *über* einen, du bist da, und sie ist es auch ... so ist das ... sie ist da, und ich bin auch da. Was mir hingegen geschieht, ist, daß *ich* auf einmal *nicht mehr da bin*, nur sie ist noch da ... das ist aber nicht die Angst ... ich weiß nicht, was es ist, wissen Sie es?«

»Ja, mein Herr.«

»Ja, mein Herr.«

»Ein bißchen ist es wie sterben. Oder dahinschwinden. Gerade so: *dahinschwinden*. Du meinst, die Augen gleiten dir aus dem Gesicht, und die Hände werden zu Händen von jemand anderem, und du denkst, was ist los mit dir? Gleichzeitig pocht dein Herz zum Zerspringen, läßt dich nicht in Frieden ... und es kommt dir vor, als würden sich überall Stücke von dir ablösen, und du fühlst sie nicht mehr… so, als seist du im Begriff zu vergehen; dann sage ich mir, du mußt an irgend etwas denken, du mußt dich an einem Gedanken festkrallen; wenn ich es fertigbringe, mich in dem Gedanken ganz klein zu machen, dann wird das alles vorbeigehen, ich muß nur durchhalten, aber Tatsache ist – und das ist wirklich entsetzlich – Tatsache ist, daß *keine Gedanken mehr da sind*, nirgendwo in dir, nicht ein einziger Gedanke mehr, sondern nur noch *Empfindungen*, verstehen Sie? Empfindungen… und die stärkste ist ein höllisches Fieber, ein unerträglicher Modergeruch, ein Todesgeschmack, hier im Hals, ein Fieber und ein Schraubstock, etwas, was sich festbeißt, ein Dämon, der dich beißt und zerfetzt, eine…«

»Entschuldigen Sie, mein Herr.«

»Ja, manchmal ist es auch alles viel… einfacher, ich meine, ich spüre, wie ich vergehe, ja, aber sanft, ganz langsam, es sind die Gefühle, Pater Pluche sagt, daß es die *Gefühle* sind, er sagt, ich habe nichts, um mich vor Gefühlsausbrüchen zu schützen, und so kommt es, daß mir die Dinge direkt in die Augen zu dringen scheinen und in meine…«

»Ja, in meine Augen.«

»Nein, daran kann ich mich nicht erinnern. Ich weiß, daß es mir schlecht geht, aber… Manchmal gibt es Dinge, die mich überhaupt nicht erschrecken, ich meine, nicht immer ist es so, letzte Nacht hat es ein fürchterliches Gewitter gegeben, Blitze, Sturm… aber ich war ganz ruhig, wirklich, ich hatte überhaupt keine Angst oder etwas derart… Aber dann genügt schon eine Farbe oder die Form eines Gegenstandes oder… das Gesicht eines Mannes, der vorübergeht, ja richtig,

Gesichter… Gesichter können furchtbar sein, nicht wahr? Manchmal sind da Gesichter, die sind so *echt*, daß ich meine, sie wollten über mich herfallen, Gesichter, die *schreien*, verstehen Sie, was ich meine? Sie schreien dich an, ganz furchtbar ist das, es gibt keinen Schutz davor, es gibt keinen…«

»Die *Liebe*?«

»Pater Pluche liest mir ab und zu aus Büchern vor. Die tun mir nicht weh. Mein Vater ist dagegen, aber… nun ja, es sind auch *aufwühlende* Geschichten dabei, verstehen Sie? Mit Leuten, die morden, die sterben… doch ich könnte mir alles anhören, wenn es nur aus einem Buch kommt, das ist ja das Merkwürdige, ich bringe es sogar fertig zu *weinen*, das ist etwas Zartes, der Modergeruch des Todes hat nichts damit zu tun, ich *weine*, das ist alles, und Pater Pluche liest mir weiter vor, und das finde ich sehr schön, aber mein Vater darf es nicht erfahren, er weiß nichts davon, und es ist vielleicht besser, wenn…«

»Gewiß liebe ich meinen Vater. Warum?«

»Die weißen Teppiche?«

»Ich weiß nicht.«

»Eines Tages habe ich meinen Vater gesehen, während er schlief. Ich bin in sein Zimmer gekommen und habe ihn gesehen. Meinen Vater. Er schlief ganz zusammengerollt, wie Kinder es tun, auf der Seite liegend, mit angezogenen Beinen, die Hände zu Fäusten geballt… nie werde ich es vergessen… mein Vater, der Baron von Carewall. Er schlief, wie Kinder schlafen. Verstehen Sie das? Wie kann man keine Angst haben, wenn selbst… wie kann es sein, wenn sogar…«

»Ich weiß nicht. Hierher kommt nie jemand…«

»Hin und wieder. Ich merke das doch. Sie sprechen leise, wenn ich dabei bin, und anscheinend bewegen sie sich auch... auch *langsamer*, als hätten sie Angst, etwas kaputtzumachen. Ich weiß aber nicht, ob...«

»Nein, das ist nicht schwer... es ist *anders*, ich weiß nicht, es ist, als sei man...«

»Pater Pluche sagt, daß ich eigentlich ein Nachtfalter hätte sein müssen, aber dann ist ein Fehler passiert, und so bin ich hierher gekommen, aber man hätte mich eigentlich nicht gerade hier ablegen dürfen, und deshalb ist jetzt alles etwas schwierig, es ist normal, daß mir alles Schmerzen verursacht, ich muß sehr viel Geduld haben und abwarten; man kann sich vorstellen, wie schwer es ist, einen Schmetterling in eine Frau zu verwandeln.«

»Ist gut, mein Herr.«

»Aber es handelt sich um eine Art Spiel, es ist nicht richtig *wahr*, aber auch nicht richtig *falsch*, wenn Sie Pater Pluche kennen würden...«

»Gewiß, mein Herr.«

»Eine *Krankheit*?«

»Ja.«

»Nein, Angst habe ich keine. *Davor* habe ich keine Angst, wirklich nicht.«

»Das werde ich tun.«

»Ja.«

»Ja.«

»Dann leben Sie wohl.«

».........................«

»Mein Herr...«

»Mein Herr, verzeihen Sie...«

»Mein Herr, ich wollte noch sagen, ich weiß, daß es

33

mir schlechtgeht und ich manchmal nicht einmal fähig bin hinauszugehen, selbst zu rennen fällt mir...«

»Ich wollte noch sagen, daß ich es will, das Leben, ich würde alles tun, um es zu besitzen, alles, was an Leben vorhanden ist, selbst wenn ich darüber wahnsinnig würde, ganz egal, selbst, wenn ich verrückt werden würde dabei, aber das Leben will ich nicht verpassen, ich will es wirklich, selbst wenn es tödlich schmerzen sollte, ich will leben. Ich werde es schaffen, nicht wahr?«

»Ich werde es doch schaffen?«

Da die Wissenschaft merkwürdig ist wie ein seltsames Tier, das sich seine Höhle an den absonderlichsten Orten sucht und nach peinlich genauen Plänen arbeitet, die von Außenstehenden für völlig undurchschaubar und manchmal geradezu *komisch* gehalten werden; sie scheinen ein Herumvagabundieren im Leeren zu sein, dagegen sind es geometrische Jagdpfade, mit geschickter Kunstfertigkeit aufgestellte Fallen und strategische Schlachten, die einen unter Umständen in Erstaunen versetzen können, wie es nämlich dem Baron von Carewall geschah, als jener schwarz gekleidete Doktor schließlich zu ihm sprach, wobei er ihm mit kaltblütiger Selbstsicherheit, wenn auch – so könnte man sagen – mit einem Hauch von *Zartgefühl*, in die Augen schaute, eine völlige Absurdität, wenn man die Männer der Wissenschaft und Doktor Atterdel im besonderen kannte, dennoch nicht gänzlich unverständlich, wäre man fähig, bis in den Kopf des selbigen Atterdel vorzudringen, besonders aber in seine Augen, in denen sich das Bild jenes gewichtigen und starken Mannes – keines Geringeren als des Barons von Carewall persönlich – fortwährend in den Anblick eines in seinem Bett zusammengerollten Mannes verwandelte, der darin schlief wie ein *Kind*, der große und mächtige Baron und das kleine Kind, der eine in dem anderen waren sie voneinander nicht mehr zu unterscheiden, so daß er am Ende ganz gerührt war, obwohl es sich um einen echten Wissenschaftler handelte, und unbestreitbar war Doktor Atterdel ein solcher in dem Augenblick, in dem er mit kaltblütiger Selbstsicherheit und einem Hauch von Zartgefühl dem Baron von Carewall in die Augen schaute und ihm sagte: Ich kann Ihre Tochter retten – er kann meine Tochter retten –, aber es wird nicht leicht und auf eine gewisse Weise auch äußerst riskant sein – riskant? –, es ist ein Experiment, wir wissen noch nicht mit Sicherheit, zu welchen Auswirkungen es möglicherweise kommt, glauben aber, daß es in Fällen wie diesem helfen kann, das haben wir oft genug erlebt, aber niemand kann mit Sicherheit sagen... da ist er, der unanfechtbar logische Fallstrick der Wissenschaft, die unerforschlichen Jagdpfade, der Kampf, den der schwarz gekleidete Mann gegen die schleichende und nicht faßbare Krankheit eines jungen Mädchens aufnehmen wird, das zu zerbrechlich ist, um zu leben, und zu lebendig, um zu sterben. Gegen eine eingebildete Krankheit, die aber einen Feind hat, einen ungeheuren dazu: ein riskantes, aber durchschlagendes, wenn auch bei genauer Sicht absurdes Heilmittel, so absurd, daß selbst der Mann der Wissenschaft die Stimme senkt in ebendem Augenblick, in dem er vor den regungslosen Augen des Barons den Namen ausspricht, nicht mehr als ein Wort, aber es ist das, was seine Tochter retten oder umbringen, wahrscheinlicher aber retten wird, ein

Wort nur, ein auf seine Weise grenzenloses, ein magisches gar, ein unzumutbar einfaches Wort.

»Das *Meer*?«

Reglos, die Augen des Barons von Carewall. So weit seine Ländereien reichen, gibt es in dem Augenblick nirgends ein kristallklareres Staunen als das, was gerade auf seinem Herzen um Gleichgewicht ringt.

»Sie wollen meine Tochter durch das *Meer* retten?«

5

Ganz allein, in der Mitte des Strandes, stand Bartleboom und schaute. Die Füße nackt, die Hosenbeine
hochgekrempelt, damit sie nicht naß wurden, trug er
eine Kladde unter dem Arm und eine Wollmütze auf
dem Kopf. Leicht vornübergebeugt schaute er: zu
Boden. Er studierte den exakten Punkt, an dem die
Welle sich streckte, nachdem sie sich etwa zehn Meter
weiter im Meer gebrochen hatte – ein See geworden,
Spiegel und Ölfleck zugleich – wie sie dann die sanfte
Steigung des Ufers hinauflief und schließlich stockte –
am äußersten Rand mit einer zarten *perlage* versehen –
wie sie dann sekundenlang zögerte, um schließlich,
besiegt, aber elegant, den Rückzug anzutreten, indem
sie sich zurückgleiten ließ auf einem augenscheinlich
leicht zurückzulegenden Weg, in Wirklichkeit jedoch
der schlammigen Gier des Sandes als Beute zugedacht,
der, bis dahin unkriegerisch, mit einemmal erwachte
und den kurzen Fließweg im Nichts versickern ließ.
  Bartleboom schaute.
  Im unvollkommenen Blickfeld seines sichtbaren
Universums formulierte die Vollkommenheit dieser
schwingenden Bewegung Versprechungen, denen die
Erfüllung wegen der unwiederholbaren Einmaligkeit
jeder einzelnen Welle versagt bleiben mußte. Keine

Aussicht, den fortwährenden Wechsel zwischen Erschaffung und Vernichtung anhalten zu können. Seine Augen suchten die beschreibbare und geordnete Wahrheit einer gesicherten und vollständigen Erscheinung: und verfolgten am Ende doch nur die sich bewegende Unbestimmtheit des Kommens und Gehens, die jeden wissenschaftlichen Blick einlullte und belächelte.

Das war ärgerlich. Man mußte etwas unternehmen. Bartleboom gab es auf, hin und her zu schauen. Er richtete die Augen auf einen Abschnitt des stummen, bewegungslosen Strandes vor seinen Füßen. Und beschloß abzuwarten. Er mußte aufhören, dem entnervenden Geschaukel hinterherzulaufen. Wenn der Prophet nicht zum Berg geht, etcetera, etcetera, dachte er. Früher oder später würde das exakte, von Schaum umrandete Profil der Welle, auf die er wartete, ihm in jenen Blick geraten, den er sich in seiner wissenschaftlichen Kaltblütigkeit als denkwürdig vorstellte. Und sich festsetzen genau an der Stelle, wie ein Abdruck in seinem Kopf. Dann hätte er sie *verstanden*. Das war der Plan. In völliger Entsagung versank Bartleboom in eine gefühllose Regungslosigkeit, verwandelte sich sozusagen in ein neutrales, unfehlbares optisches Instrument. Er atmete kaum. In den starren Gesichtskreis fiel die unwirkliche Stille eines Laboratoriums. Wie eine Falle, unbeirrbar und geduldig, lauerte er auf seine Beute. Und allmählich kam die Beute näher. Zwei Damenschuhe. Hohe Schuhe, aber dennoch Damenschuhe.

»Sie müssen Bartleboom sein.«

Eigentlich wartete Bartleboom auf eine Welle. Oder etwas Ähnliches. Er hob den Blick und sah eine in einen eleganten violetten Mantel gehüllte Frau.

»Bartleboom, ja... Professor Ismael Bartleboom.«

»Haben Sie etwas verloren?«

Bartleboom war sich bewußt, daß er immer noch vornübergebeugt dastand, weiterhin erstarrt im wissenschaftlichen Profil des optischen Instruments, in das er sich verwandelt hatte. Er richtete sich mit aller Natürlichkeit auf, deren er fähig war. Ganz wenig.

»Nein, ich arbeite.«

»Sie arbeiten?«

»Ja, ich mache... ich mache Untersuchungen, wissen Sie, Untersuchungen...«

»Aha.«

»Wissenschaftliche Untersuchungen, meine ich...«

»Wissenschaftliche.«

»Ja.«

Schweigen. Die Frau zog ihren violetten Mantel enger um sich.

»Muscheln, Flechten oder so was?«

»Nein, Wellen.«

Einfach so: *Wellen*.

»Das heißt... schauen Sie mal dort, wo das Wasser aufläuft... es läuft den Strand hinauf und bleibt dann stehen... da, genau der Punkt, an dem es stehenbleibt, es dauert nur einen Augenblick, sehen Sie, genau, da zum Beispiel... sehen Sie, daß es nur einen Augenblick lang anhält und dann versickert, wenn man diesen Augenblick doch festhalten könnte... wenn das Wasser stehenbleibt, genau diesen Punkt, diese Kurve... das ist es, was ich erforsche. Wo das Wasser stehenbleibt.«

»Und was gibt es daran zu erforschen?«

»Nun, das ist ein wichtiger Punkt... manchmal achtet man nicht darauf, aber wenn Sie es genau überden-

ken, geschieht hier etwas Außergewöhnliches, etwas ...
Außergewöhnliches.«

»Wirklich?«

Bartleboom beugte sich leicht zu der Frau hinüber.
Es sah aus, als wolle er ihr ein Geheimnis verraten, als
er sagte:

»Da hört das Meer auf.«

Das ungeheure Meer, das Ozeanmeer, endlos, weit
über jeden Blick hinaus, das gewaltige, allmächtige
Meer – es gibt eine Stelle, an dem es endet, und einen
Augenblick –, das riesige Meer eine winzige Stelle und
ein unmerklicher Augenblick. Das war es, was Bartleboom sagen wollte.

Die Frau ließ den Blick über das Wasser schweifen,
das unbekümmert den Sand hinauf- und hinunterglitt.
Als sie die Augen wieder auf Bartleboom richtete, lag
ein Lächeln darin.

»Ich heiße Ann Deverià.«

»Sehr erfreut.«

»Ich bin auch in der Pension Almayer.«

»Das ist eine wunderbare Nachricht.«

Wie immer blies der Wind aus Norden. Die beiden
Damenschuhe durchschritten Bartlebooms ehemaliges
Laboratorium und entfernten sich einige Schritte weit.
Dann hielten sie an. Die Frau drehte sich um.

»Sie nehmen doch heute nachmittag den Tee mit mir
ein, nicht wahr?«

Gewisse Dinge hatte Bartleboom bisher nur im
Theater erlebt. Und im Theater kam immer die Antwort:

»Es wird mir ein Vergnügen sein.«

»Eine Enzyklopädie der Grenzen?«

»Ja… die vollständige Bezeichnung wäre *Enzyklopädie der in der Natur feststellbaren Grenzen mit einem gesonderten, den Grenzen menschlicher Fähigkeiten gewidmeten Anhang.*«

»Und daran schreiben Sie…«

»Ja.«

»Allein.«

»Ja.«

»Milch?«

Er nahm immer Zitrone zum Tee, Bartleboom.

»Ja, Milch, danke…«

Eine Wolke.

Zucker.

Teelöffel.

Teelöffel, der in der Tasse rührt.

Teelöffel, der innehält.

Teelöffel auf der Untertasse.

Ann Deverià sitzt ihm gegenüber und hört zu.

»Die Natur besitzt eine ihr eigene, ganz erstaunliche Vollkommenheit, und das ist das Resultat einer Summe von Grenzwerten. Die Natur ist deshalb vollkommen, weil sie nicht unendlich ist. Wer ihre Grenzen begreift, begreift auch, wie der Mechanismus funktioniert. Es kommt auf das Verinnerlichen dieser Grenzen an. Nehmen Sie zum Beispiel die Flüsse. Ein Fluß mag lang sein, sehr lang sogar, aber er kann nicht unendlich sein. Damit das System funktioniert, muß er enden. Und ich erforsche, wie lang er sein kann, bevor er endet. 864 Kilometer. Das ist eines der Kapitel, die ich schon geschrieben habe: *Flüsse.* Es hat mich eine Menge Zeit gekostet, wie Sie wohl verstehen werden.«

Ann Deverià verstand es.

»Ein Beispiel: Das Blatt eines Baumes ist, wenn Sie es eingehend betrachten, ein äußerst kompliziertes Universum: aber in sich geschlossen. Das größte Blatt findet man in China: Es ist einen Meter und 22 Zentimeter breit und mehr oder weniger doppelt so lang. Riesig, aber nicht unbegrenzt. Und darin steckt eine präzise Logik: Ein noch größeres Blatt könnte nur an einem gigantischen Baum wachsen. Der höchste Baum hingegen, der übrigens in Amerika wächst, übersteigt 86 Meter nicht, eine beeindruckende Höhe, gewiß, jedoch gänzlich ungenügend, um auch nur eine begrenzte Zahl, denn deren Zahl wäre sicherlich begrenzt, größerer Blätter zu tragen als diejenigen, die man in China vorfindet. Erkennen Sie die Logik?«

Ann Deverià erkannte sie.

»Unbestreitbar sind es ebenso mühsame wie schwierige Studien, aber das Entscheidende ist das Erfassen. Und das Beschreiben. Das letzte Kapitel, das ich geschrieben habe, hieß: *Sonnenuntergänge*. Wissen Sie, die Tatsache, daß die Tage *enden*, ist einfach genial. Ein geniales System. Erst Tage und dann Nächte. Und wieder Tage. Das hört sich banal an, hat aber etwas Geniales. Dort, wo die Natur beschließt, sich selbst Grenzen zu setzen, entlädt sich eine Sensation. Sonnenuntergänge. Wochenlang habe ich sie erforscht. Es ist nicht so leicht, einen Sonnenuntergang zu *erfassen*. Er hat seine Zeiten, seine Ausmaße, seine Farben. Und da nicht ein Sonnenuntergang – nicht ein einziger, sage ich – dem anderen gleich ist, muß man als Wissenschaftler die jeweiligen Besonderheiten zu unterscheiden wissen und das Wesentliche herausarbeiten, bis man in der Lage ist zu sagen, *dieses* ist ein Sonnenuntergang, *der* Sonnenuntergang schlechthin. Langweile ich Sie?«

Ann Deverià langweilte sich nicht. Jedenfalls nicht mehr als sonst auch.

»Und so bin ich jetzt am Meer angelangt. Das Meer. Auch das Meer ist, ebenso wie alles andere, begrenzt, wissen Sie, nur, daß es sich hier ähnlich wie mit den Sonnenuntergängen verhält, es ist schwierig, den Grundgedanken herauszuarbeiten, ich meine, Kilometer um Kilometer von Felsenriffen, Ufern und Stränden in einem einzigen Bild zusammenzufassen, in einem Konzept für *die Begrenzung des Meeres,* etwas, was sich in wenigen Zeilen niederschreiben läßt, das in ein Lexikon paßt, damit die Menschen, die es später lesen, begreifen können, daß das Meer ein Ende hat und wie es unabhängig von dem, was drum herum vor sich geht, unabhängig von …«

»Bartleboom …«

»Ja.«

»Fragen Sie mich, warum ich hier bin. Ich.«

Stille. Verlegenheit.

»Ich habe mich nicht danach erkundigt, nicht wahr?«

»Dann erkundigen Sie sich jetzt.«

»Warum sind Sie hier, Madame Deverià?«

»Um zu genesen.«

Neuerliche Verlegenheit, neuerliche Stille. Bartleboom nimmt die Tasse und führt sie zum Mund. Leer. Dann eben nicht. Er stellt sie wieder hin.

»Wovon genesen?«

»Von einer merkwürdigen Krankheit. Ehebruch.«

»Wie bitte?«

»Ehebruch, Bartleboom. Ich habe meinen Mann betrogen. Und mein Mann meint, daß das Meeresklima die Leidenschaft einschläfert, daß der Anblick des Meeres das ethische Bewußtsein beflügelt und die Einsamkeit des Meeres dazu führt, daß ich meinen Geliebten vergesse.«

»Tatsächlich?«

»Tatsächlich was?«

»Sie haben tatsächlich Ihren Mann betrogen?«

»Ja.«

»Noch etwas Tee?«

Am äußersten Rand der Welt gelegen, einen Schritt nur vom Ende des Meeres entfernt, duldete die Pension Almayer auch an jenem Abend, daß die Finsternis die Farben ihrer Mauern nach und nach verblassen ließ: wie auch die der ganzen Erde und des gesamten Ozeans. Er schien – so einsam daliegend – wie etwas Verlorengegangenes. Fast so, als sei eines Tages eine Prozession von Pensionen jeder Sorte und jeden Alters am Meer entlang dort vorbeigezogen. Eine hatte sich dabei von den anderen gelöst und war erschöpft zurückgeblieben. Sie ließ die Mitpilger weiterziehen und beschloß, der eigenen Schwäche nachgebend, auf dieser Andeutung eines Hügels haltzumachen und mit gesenktem Kopf auf das Ende zu warten. So eine war die Pension Almayer. Sie war von jener Art Schönheit, zu der nur Unterlegene fähig sind. Und sie besaß die Reinheit der Schwachen. Und die vollkommene Einsamkeit dessen, was verlorenging.

Plasson, der Maler, war soeben an Land gekommen; mit seinen Leinwänden und Farben saß er durchnäßt am

Bug des kleinen Bootes, das ein rothaariger Junge gerudert hatte.

»Danke, Dol. Bis morgen.«

»Gute Nacht, Herr Plasson.«

Wie es kommt, daß Plasson nicht längst an Lungenentzündung gestorben ist, bleibt ein Wunder. Wie kann er Stunde um Stunde im Nordwind stehen, mit den Füßen im Wasser und der Flut, die ihm die Hosenbeine hinaufsteigt, ohne früher oder später zu sterben?

»Erst muß er sein Bild fertig malen«, hatte Dira festgestellt.

»Er wird es nie fertig bekommen«, meinte Madame Deverià.

»Dann wird er auch nie sterben.«

Im Zimmer Nummer 3, im ersten Stock, erleuchtete der sanfte Schein einer Petroleumlampe Professor Ismael Bartlebooms schöne Hingabe und ließ sein Geheimnis rings in den Abend verrinnen.

Meine Angebetete,

Gott weiß, wie sehr ich in dieser trübsinnigen Stunde die Ermunterung durch Ihre Anwesenheit und Ihr aufheiterndes Lächeln vermisse. Die Arbeit ist ermüdend, und das Meer sträubt sich gegen meine beharrlichen Versuche, es zu begreifen. Ich hätte nicht gedacht, daß es so schwierig ist, ihm gegenüberzustehen. Und mit meinen Instrumenten und meinen Heften irre ich umher, ohne den Anfang dessen zu finden, was ich suche, einen Zugang zu irgendeiner Antwort. Wo beginnt das Ende des Meeres? Oder vielmehr: wovon sprechen wir, wenn wir ›Meer‹ sagen? Sprechen wir von dem mächtigen Ungeheuer, das alles zu fressen imstande ist, oder von der Welle, die per-

*lend unsere Füße umschäumt? Vom Wasser, das man in
der hohlen Hand halten kann, oder von dem für niemanden sichtbaren Abgrund? Sagen wir alles mit dem einen
Wort, oder verbergen wir alles in dem einen Wort? Da
stehe ich, einen Schritt vor dem Meer, und kann nicht einmal erfassen, wo es ist. Das Meer. Das Meer.*

*Heute habe ich die Bekanntschaft einer wunderschö-
nen Frau gemacht. Seien Sie aber nicht eifersüchtig. Ich
lebe nur für Sie.*

Ismael A. Ismael Bartleboom

Bartleboom schrieb mit einer heiteren Leichtigkeit,
ohne je innezuhalten, und mit einer Bedächtigkeit, die
durch nichts zu erschüttern war. Er liebte es, sich vorzustellen, daß sie ihn eines Tages in der gleichen Weise
liebkosen würde.

Im Halbdunkel glitten Ann Deveriàs lange schmale
Finger, die mehr als einen Mann verrückt gemacht hatten, über die Perlen ihrer Halskette – Rosenkranz des
Verlangens –, eine unwillkürliche Geste des üblichen
Zwiegesprächs mit ihrer eigenen Trübsal. Sie betrachtete das dahinsiechende Flämmchen in der Lampe, beobachtete ab und zu ihr vom Aufseufzen der verzwei-
felt zuckenden kleinen Schimmer erhelltes eigenes
Gesicht im Spiegel. Sie nutzte das letzte Flimmern, um
zu ihrem Bett zu gehen, in dem unter den Decken ein
wunderschönes Kind schlief, weit entfernt von Zeit und
Raum. Ann Deverià betrachtete das Mädchen – mit
einem Blick allerdings, für den das Wort *betrachten* ein
viel zu starkes Wort ist – einem wunderbaren Blick, der
betrachtet, ohne zu fragen, der sieht und weiter nichts –
wie zwei Dinge, die sich berühren – die Augen und der

Anblick – ein Blick, der in der vollkommenen Stille des Geistes nicht *nimmt*, sondern *empfängt,* der *einzige* Blick, der uns wirklich retten könnte – jungfräulich gegenüber jeglicher Frage, unberührt noch vom Laster des *Wissens* – die einzige Unschuld, die den Wunden, die durch die Dinge, die von außen in den Umkreis unseres Fühlens treten – sehen – fühlen –, zuvorkommen könnte. Denn das wäre nichts anderes als ein wunderbares Sich-gegenüber-Stehen – wir und die Dinge, die ganze Welt in die Augen *aufnehmen* – aufnehmen – ohne Fragen, ohne Verwunderung gar – aufnehmen – allein – die Welt – aufnehmen – in die Augen. Nur die Madonnenaugen unter den Kirchenbögen wissen auf solche Weise den Engel zu schauen, der herabgestiegen ist aus goldenen Himmelswelten zur Stunde der Verkündigung.

Dunkel. Im verborgenen ihres von leichten Decken wolkengleich gerundeten Bettes drängt sich Ann Deverià an den unbekleideten Körper des Mädchens. Ihre Finger gleiten über die unbeschreibliche Haut, und die Lippen suchen in den verstecktesten Furchen das linde Aroma des Schlafes. Langsam bewegt sich Ann Deverià. Ein Tanz in Zeitlupe, der nach und nach etwas löst im Kopf und zwischen den Beinen und überall. Es gibt keinen geeigneteren Tanz als diesen, um mit dem Schlaf im Kreis zu tanzen auf dem nächtlichen Parkett.

Das letzte Licht hinter dem letzten Fenster verlischt. Nur die unaufhaltsame Maschinerie des Meeres reißt die Stille auf mit der sich regelmäßig wiederholenden Explosion nächtlicher Wellen, ferne Erinnerungen an nachtwandlerische Stürme und geträumte Schiffbrüche.

Nacht über der Pension Almayer.
Reglose Nacht.

Bartleboom erwachte müde und mißgestimmt. Stundenlang hatte er im Traum mit einem italienischen Kardinal über den Erwerb der Kathedrale von Chartres verhandelt und schließlich ein Kloster in der Nähe von Assisi erworben. Und das zum Wucherpreis von sechzehntausend Kronen, dazu eine Nacht mit seiner Kusine Dorothea und ein Viertel der Pension Almayer. Die Verhandlung hatte ausgerechnet auf einem gefährlich in den Strömungen schlingernden Schiff stattgefunden, das von einem Herrn befehligt wurde, der behauptete, Madame Deveriàs Ehemann zu sein, und lachend – *lachend* – gestand, vom Meer nicht die geringste Ahnung zu haben. Als er aufwachte, war er erschöpft. Es erstaunte ihn nicht, wie üblich den Jungen zu erblicken, der rittlings auf dem Fensterbrett saß und reglos aufs Meer schaute. Allerdings war er verblüfft, als er ihn, der sich nicht einmal umdrehte, sagen hörte:

»Dem da hätte ich sein Kloster vor die Füße geworfen.«

Bartleboom stieg aus dem Bett, packte den Jungen ohne ein Wort beim Arm und zog ihn vom Fensterbrett, zur Tür hinaus und schließlich die Treppe hinunter:

»Fräulein Dira!« brüllend,

stolperte er die Stufen hinunter und landete schließlich im Erdgeschoß, wo er

»FRÄULEIN DIRA!«

züm guten Schluß fand, was er suchte, die Rezeption nämlich – wenn man sie als solche bezeichnen wollte. Den Jungen weiterhin fest gepackt, fand er sich also

Fräulein Dira gegenüber – zehn Jahre alt, nicht eines mehr –, blieb endlich stehen, mit stolzer Haltung und finsterer Miene, die durch die menschliche Blöße eines gelben Nachthemds nur teilweise abgeschwächt, durch die Kombination desselben mit einer grobmaschigen wollenen Nachtmütze allerdings nachhaltiger beeinträchtigt wurde.

Dira blickte von ihren Rechnungen auf. Die beiden – Bartleboom und der Junge – standen in Habachtstellung vor ihr. Sie sprachen nacheinander, als hätten sie es einstudiert.

»Dieser Junge liest in meinen Träumen.«

»Dieser Mann spricht im Schlaf.«

Dira senkte den Kopf wieder über ihre Abrechnungen. Sie hob nicht einmal die Stimme.

»Verschwindet.«

Sie verschwanden.

6

Denn das Meer hatte der Baron von Carewall nie
gesehen. Seine Ländereien waren Land: und Steine,
Hügel, Sümpfe, Felder, schroffe Abhänge, Berge,
Wälder und Lichtungen. Land. Meer gab es dort keines.

Für ihn war das Meer eine Idee. Oder genauer gesagt,
eine Abfolge von Phantasiebildern. Es war etwas, das
im – durch Gottes Hand zweigeteilten – Roten Meer
entsprang und sich, im Gedanken an die Sintflut, ausgebreitet hatte; an der Stelle verwischte es sich, um später in den bauchigen Umrissen einer Arche wieder aufzutauchen und sich übergangslos mit dem Gedanken an
Walfische zu verbinden – die er zwar nie gesehen, sich
aber oft genug vorgestellt hatte –, von wo es – jetzt wieder ziemlich deutlich – in die wenigen Geschichten ein-
floß, die ihm zu Ohren gekommen waren, Geschichten
von monströsen Fischen und Drachen und Unter-
meeresstädten, ein Crescendo phantastischer Pracht,
das jählings zu den strengen Gesichtszügen eines seiner
Vorfahren – für alle Zeiten in der eigens dafür einge-
richteten Galerie eingerahmt – verkümmerte, von dem
behauptet wurde, er sei ein Abenteurer an der Seite
Vasco da Gamas gewesen: Von seinen etwas bösartigen
Augen aus nahm die Vorstellung vom Meer nun einen

unseligen Weg, sprang über einige ungewisse Berichte mit freibeuterischen Übertreibungen, verhaspelte sich in einem Zitat des heiligen Augustinus, wonach der Ozean das Haus des Teufels sei, ging zurück auf einen Namen – Thessala –, der vielleicht ein versunkenes Schiff bezeichnete oder eine Amme, die Märchen von Schiffen und Kriegen erzählte, rührte leicht an den Duft gewisser Stoffe, die aus fernen Ländern bis zu ihm gelangt waren, und kam schließlich wieder zum Vorschein in den Augen einer Frau aus Übersee, die er viele Jahre zuvor kennengelernt und nie wiedergesehen hatte, um schließlich, am Ende einer derartigen geistigen Schiffsreise, bei dem Duft einer Frucht anzugelangen, von der man ihm berichtet hatte, sie wachse nur an der Meeresküste in südlichen Ländern: und wenn man sie äße, schmecke man das Aroma der Sonne. Da der Baron von Carewall es niemals gesehen hatte, reiste das Meer in seinem Geist wie ein blinder Passagier auf einem im Hafen liegenden Segelschiff mit eingerollten Segeln: arglos und überflüssig.

Dort hätte es in Ewigkeit liegen bleiben können. Statt dessen wurde es unvermittelt aufgescheucht durch die Worte eines schwarz gekleideten Mannes namens Atterdel, durch das unerbittliche Urteil eines Mannes der Wissenschaft, den man gerufen hatte, ein Wunder zu vollbringen.

»Ich werde Ihre Tochter retten. Und zwar mit dem *Meer*.«

Ins Meer *hinein*. Es war nicht zu fassen. Das verpestete, verrottete Meer, Sammelbecken des Grausens, antikes und heidnisches menschenfressendes abgrund-

tiefes Ungeheuer, seit jeher gefürchtet, und jetzt plötzlich

fordern sie dich auf wie zu einem Spaziergang,
befehlen sie dir zur Therapie, drängen sie dich mit un-
erbittlicher Höflichkeit,

ins Meer hinein zu steigen. Die
Modetherapie heutzutage. Möglichst kaltes und stark
salzhaltiges, bewegtes Meer, wobei die Welle ein
wesentlicher Bestandteil der Kur ist, denn sie birgt
Schreckliches in sich, das technisch überwunden und
moralisch beherrscht werden muß, eine Herausforde-
rung, die furchtbar – wenn man es recht bedenkt –
furchtbar ist. Das alles in der Gewißheit – sagen wir, in
der Überzeugung –, daß der große Schoß des Meeres
die Kapsel der Krankheit sprengen, die Kanäle des
Lebens ankurbeln, die wohltuenden Absonderungen
der Haupt- und Nebendrüsen vermehren wird,

als ideale
Tinktur für Wasserscheue, Melancholiker, Impotente,
Blutarme, Einsame, Bösewichte, Neider,

und Irrsinnige.
So wie der Irrsinnige, den man in Brixton den un-
durchdringlichen Blicken von Ärzten und Wissen-
schaftlern aussetzte, ihn mit Gewalt ins eiskalte, von
den Wellen aufgewühlte Wasser tauchte und wieder
herauszog, Reaktionen und Gegenreaktionen maß
und ihn aufs neue – gewaltsam, versteht sich – unter-
tauchte,

bei acht Grad Celsius mit dem Kopf unter Wasser; er taucht auf wie ein Gebrüll, mit animalischer Kraft
befreit er sich von den Pflegern und sonstigem Perso-
nal, alles geübte Schwimmer, was allerdings nichts nützt

gegen das blinde Wüten des Tiers, das fortläuft – fortläuft – nackt durch das Wasser rennend und die Wut über die vernichtende Strafe, die Scham und den Schrecken herausbrüllt. Der ganze Strand ist gelähmt vor Entsetzen, während das Tier rennt und rennt und die Frauen in der Ferne den Blick abwenden, obwohl sie es gerne sähen – und wie gerne sie es sähen –, das Tier in seinem Lauf und, sprechen wir es aus, seine Nacktheit, gerade die, die ruckartig im Meer torkelnde Nacktheit, geradezu schön anzusehen in dem grauen Licht, von einer Schönheit, die all die Jahre frommer Pensionatserziehung und Schamröte aufweicht und geradewegs hinläuft, wo sie hinlaufen muß, über die Nervenbahnen der schüchternen Frauen ins Geheime der gewichtigen, unschuldigen Röcke,

                    die Frauen. Es schien plötzlich, als habe das Meer seit jeher auf sie gewartet. Wenn man den Ärzten Glauben schenken soll, war es seit Jahrtausenden da, sich geduldig vervollkommnend, in der einzigen, offenkundigen Absicht, sich ihren Leiden an Leib und Seele als Wundertinktur anzubieten. So wie in untadeligen Salons untadelige, ihren Tee nippende Doktoren fortwährend untadeligen Ehemännern und Vätern in gemessenen Worten mit geradezu paradoxer Höflichkeit erklärten, daß das Ekelerregende des Meeres ebenso wie der Schock und das Entsetzen in Wirklichkeit die seelenberuhigende Therapie für Sterilität, Appetitlosigkeit, nervliche Erschöpfungszustände, Wechseljahre, Überreiztheiten, Unruhezustände und Schlaflosigkeit darstellte. Das ideale Verfahren, um jugendliche Erregungszustände zu heilen und auf die Mühen der ehelichen Pflichten vorzubereiten. Feierliche Aufnahmetaufe für die zu Frauen gewordenen jungen Mädchen. Wenn man jetzt einmal kurz den Irren im Meer von Brixton vergessen wollte,

(der Irre rannte immer weiter, jetzt aber ins Tiefe, bis er nicht mehr zu sehen war, ein wissenschaftlicher Befund, der den Statistiken der medizinischen Akademie entwichen war und sich selbst spontan dem Leib des Ozeanmeers ausgeliefert hatte)

wenn man den einmal vergessen wollte,

(verdaut vom großen Wasserdarm, nie an den Strand zurückgeschwemmt, nie in die Welt zurückgespuckt, wie man hätte erwarten können, als eine unförmige, blaßblaue Blase)

könnte man sich eine Frau vorstellen – eine Frau – eine geachtete, geliebte, Mutter, Frau. Aus welchem Grund auch immer – *Krankheit* – an ein Meer gebracht, das sie sonst nie zu Gesicht bekommen hätte und das nun der Maßstab für ihre Genesung ist, unermeßlicher, wahrhaftiger Maßstab, auf den sie blickt und den sie nicht durchschaut. Mit offenen Haaren und nackten Füßen, was nicht belanglos ist, sondern absurd, mit ihrer weißen Tunika und den Hosen, die die Knöchel unbedeckt lassen; man erahnt ihre schmalen Hüften, auch das ist absurd, nur im ehelichen Zimmer hat sie sich so gezeigt, und dennoch zeigt sie sich jetzt so an einem langen, breiten Strand, wo nicht die Luft des Brautgemachs stickig steht, sondern der Wind vom Meer her weht und das Edikt wilder Freiheit mitbringt, welche verdrängt, vergessen, unterdrückt, entwertet war zugunsten eines ganzen Lebens als Mutter, Gattin, Geliebte, Frau. Und klar ist: *Sie kann nicht umhin, es zu spüren.* Die Leere ringsumher, ohne Wände und geschlossene Türen, vor sich allein ein unermeßlicher, erregender Wasserspiegel, er allein wäre schon ein Fest für die Sinne, Orgie der Nerven, und dabei wird alles erst noch geschehen, der Biß des eiskalten Wassers, die Angst, die flüssige Umarmung des Meeres, das Kribbeln auf der Haut, das Herz im Hals...

Sie wird ans Wasser geführt. Über ihr Gesicht legt sich – erhabenes Verbergen – eine seidene Maske.

Andererseits hatte nie jemand den Kadaver des Irren von Brixton für sich beansprucht. Das muß man sagen. Die Ärzte experimentierten, das muß man verstehen. Es waren unglaubliche Paare im Umlauf, der Kranke und sein Arzt, sehr elegante, durchsichtige Kranke, gottgewollt langsam von der Seuche zerfressen, und Ärzte, wie die Mäuse im Keller auf der Suche nach Indizien, nach Beweisen, Zahlen und Ziffern: Sie belauerten die Bewegungen der Krankheit in deren planloser Flucht vor dem Hinterhalt einer widersinnigen Therapie. Sie *tranken* das Meerwasser, so weit war es gekommen, das Wasser, das bis gestern schrecklich und ekelerregend war, Privileg einer verlassenen, barbarischen Menschheit mit sonnenverbrannter Haut, bedrückender Unrat. Jetzt *tranken* sie es *schlückchenweise,* diese himmlischen Versehrten, die den Strand entlangspazierten und kaum wahrnehmbar ein Bein nachzogen, hervorragend ein vornehmes Hinken vortäuschend, das sie davor bewahren sollte, dem alltäglichen Gebot zu folgen, ein Bein vor das andere zu setzen.

Alles war *Therapie*. Manch einer fand eine Gattin, andere schrieben Gedichte, es war die Welt, wie sie immer war – abstoßend, genau besehen –, nur hatte sie sich auf einmal – *zu ausschließlich medizinischen Zwecken* – am Rande eines jahrhundertelang verabscheuten Abgrundes angesiedelt, der plötzlich – ebenso freiwillig wie wissenschaftlich – ausersehen worden war als Promenade des Schmerzes.

    Wellenbad nannten es die Ärzte. Es gab sogar eine Maschinerie, ganz im Ernst, eine Art Sänfte, patentiert sogar, um ins Meer zu gelangen. Sie diente den Damen, den verheirateten und unverheirateten selbstverständlich, *um sich vor indiskreten Blicken zu schützen*. Sie stiegen in die Sänfte, die von allen Seiten mit Vorhängen in gedeckten Farben – Farben, die gewissermaßen nicht schreiend waren – verschlossen war, und ließen sich ein paar Meter weit ins Meer hinein tragen, und dort, die Sänfte auf Wasserhöhe, stiegen sie hinab und nahmen ein Bad als Behandlung: fast unsichtbar hinter ihren Vorhängen, im Wind schwingenden Vorhängen, Tabernakeln gleichende, auf dem Wasser treibende Sänften, Vorhänge als Schutz vor einer unerklärlichen, im Wasser wie verloren wirkenden Zeremonie, ein Schauspiel, vom Strand aus gesehen. Das Wellenbad.

    Nur die Wissenschaft *versteht sich* auf gewisse Dinge, das ist die Wahrheit. Jahrhunderte des Ekels wegzuwischen – das schreckliche Meer, Hort der Verwesung und des Todes – und jene Idylle zu erfinden, die sich nach und nach über alle Strände

    der Welt verbreitet. Heilungen wie

Liebschaften.

Und dann dieses: Am Strand von Depper spülte eines Tages eine Welle ein Boot an Land, ein Wrack, wenig mehr als ein Relikt. Und da waren sie, die von der Krankheit Verführten, über den kilometerlangen Strand verstreut, ein jeder für sich, um die Begattung mit dem Meer zu vollziehen, elegante Verzierungen im unübersehbar weiten Sand, ein jeder in seiner eigenen Luftblase der Erregung, zwischen Lüsternheit und Angst. Im guten Glauben an die Wissenschaft, die sie dorthin berufen hatte, stiegen alle langsamen Schrittes von ihrem Himmel herab und begaben sich zu jenem Wrack, das zögerte, sich in den Sand zu bohren, wie ein Bote, der Angst vor der Ankunft hat. Sie traten näher heran. Sie zogen es aufs Trockene. Und sahen ihn. Im hinteren Teil des Bootes liegend, den Blick nach oben gerichtet, einen Arm ausgestreckt, als wolle er ihnen etwas reichen, was nicht mehr vorhanden war. Sie sahen ihn:

einen Heiligen. Die Statue war aus Holz. Angemalt. Der Umhang reichte ihm bis zu den Füßen, eine Wunde durchschnitt seinen Hals, seine Miene jedoch verriet nichts davon, aus ihr sprach eine sanfte, überirdische Heiterkeit. Nichts weiter befand sich in dem Boot, nur der Heilige. Er allein. Und alle schauten einen Augenblick lang instinktiv auf und suchten auf der Fläche des Ozeans den Umriß einer Kirche, ein verständlicher, wenn auch irrationaler Gedanke, da waren weder Kirchen noch Kreuze noch Pfade, das Meer hat keine Wege, das Meer hat keine Erklärungen.

Die Blicke Dutzender Versehrter wie auch schwindsüchtiger, wunderschöner, ferner Frauen, die der Mäuseärzte, der Helfer und Wärter, der gealterten Voyeure, der Neugierigen, Fischer, jungen Mädchen und – eines Heiligen. Verwirrt, sie alle und auch er, und unentschlossen.

Eines Tages, am Strand von Depper.

Niemand hat es je verstanden.

Nie.

»Bringen Sie sie nach Daschenbach, für Wellenbäder ist es der ideale Strand. Drei Tage. Ein Unterwasserbad am Morgen und eines am Abend. Fragen Sie nach Doktor Taverner, er wird sich um alles Nötige kümmern. Hier ist ein Empfehlungsschreiben für ihn. Nehmen Sie.«

Der Baron nahm den Brief, ohne ihn auch nur anzuschauen.

»Sie wird daran zugrunde gehen«, sagte er.

»Das ist möglich. Aber sehr unwahrscheinlich.«

Nur bedeutende Ärzte können so zynisch präzise sein.

Atterdel war der bedeutendste.

»Sagen wir so, Baron: Sie können dieses Mädchen noch jahrelang hier drinnen behalten, sie auf weißen Teppichen laufen und unter lauter schwebenden Menschen schlafen lassen. Aber eines Tages wird eine Gemütsbewegung, die Sie nicht vorhersehen können, sie mit sich fort nehmen. Amen. Oder aber Sie gehen das Risiko ein, folgen meinen Verordnungen und hoffen auf Gott. Das Meer wird Ihnen Ihre Tochter zurückbringen. Tot, kann sein. Falls aber lebendig, wirklich lebendig.

Zynisch exakt.

Der Baron rührte sich nicht von der Stelle, den Brief in der Hand, auf halber Strecke zwischen sich und dem schwarz gekleideten Arzt.

»Sie haben keine Kinder.«

»Diese Tatsache ist völlig bedeutungslos.«

»Jedenfalls haben Sie keine.«

Er betrachtete den Brief und legte ihn zögernd auf den Tisch.

»Elisewin soll hierbleiben.«

Stille, einen Augenblick lang, aber nur einen Augenblick.

»Das kommt überhaupt nicht in Frage.«

Das war Pater Pluche. In Wirklichkeit war der Satz, der in seinem Gehirn losging, weitaus umfangreicher und ähnelte mehr einem Satz wie: »Vielleicht sollte man jegliche Entscheidung aufschieben und erst einmal gründlich darüber nachdenken, was…«: so in etwa. Doch die Aussage: »Das kommt überhaupt nicht in Frage« war die eindeutig geschicktere und schnellere Aussage und hatte keine große Mühe, durch die Maschen der anderen Wörter hindurchzuschlüpfen und an der Oberfläche des Schweigens aufzutauchen wie eine unvorhergesehene und unvorhersehbare Boje.

»Das kommt überhaupt nicht in Frage.«

Es war das erstemal in sechzehn Jahren, daß Pater Pluche es wagte, dem Baron in einer das Leben Elisewins betreffenden Angelegenheit zu widersprechen. Er verspürte einen seltsamen Taumel: als hätte er sich soeben aus dem Fenster gestürzt. Er war ein Mann mit einem gewissen Sinn fürs Praktische: Da er nun schon einmal in der Luft schwebte, entschloß er sich, es mit dem Fliegen zu versuchen.

»Elisewin wird bis ans Meer fahren. Ich werde sie hinbringen. Und falls es nötig ist, werden wir monate- oder jahrelang dort bleiben, so lange, bis sie die Kraft findet, sich dem Wasser und allem anderen zu stellen. Und am Ende wird sie zurückkommen: lebendig. Jede andere Entscheidung wäre eine Dummheit, schlimmer noch, Feigheit. Und wenn Elisewin Angst hat, dürfen wir nicht auch welche haben; ich jedenfalls werde keine haben. Sie ist nicht darauf aus zu sterben. Leben, das ist es, was sie will. Und was sie will, soll sie bekommen.«

Er redete, Pater Pluche, daß es kaum zu glauben war. Nicht zu glauben, daß er es war, der so redete.

»Sie, Doktor Atterdel, Sie haben nicht die geringste Ahnung von Menschen und von Vätern und von Kindern, nicht die geringste. Und deshalb glaube ich Ihnen. Die Wahrheit ist immer unmenschlich. Wie Sie. Ich weiß, daß Sie sich nicht irren. Ich bedaure Sie, aber Ihre Worte bewundere ich. Und ich, der ich das Meer nie gesehen habe, werde bis ans Meer reisen, weil Ihre Worte es mir gesagt haben. Es ist das Absurdeste, Lächerlichste und Sinnloseste, was mir je vorgekommen ist. Aber ich lasse mich von keinem Menschen in den gesamten Ländereien von Carewall davon abhalten. Von niemandem.«

Er nahm den Brief vom Tisch und steckte ihn in seine Tasche. Sein Herz schlug wie verrückt, die Hände zitterten ihm, und in seinen Ohren war ein merkwürdiges Rauschen. Darüber braucht man sich nicht zu wundern, dachte er: Es kommt nicht alle Tage vor, daß einem das Fliegen gelingt.

Alles mögliche hätte in dem Augenblick passieren können. Wirklich, es gibt Momente, in denen die allgegenwärtige, logische Vernetzung von Ursache und Wirkung vom Leben überrumpelt wird und kapituliert, die Bühne verläßt und sich unter die Zuschauer mischt, damit oben auf der Bühne im Licht aufwirbelnder, unvermuteter Freiheit eine unsichtbare Hand im unendlichen Schoß der unzähligen Möglichkeiten angelt und von allen denkbaren nur eine herausfischt. Im schweigenden Dreieck der drei Männer zogen sie alle vorbei wie in einer Prozession, blitzschnell, die abertausend Dinge, die dort hätten hochfliegen können, bis, nachdem sich das Aufblitzen und der Staub gelegt hatten, ein einziges, winziges, im Rahmen der Zeit und des Raumes erschien und mit der gebotenen Diskretion darauf drängte, sich zu verwirklichen. Und es geschah. Daß nämlich der Baron – der Baron von Carewall – zu weinen anfing, das Gesicht nicht einmal mit den Händen bedeckend, sondern einfach gegen die Rückenlehne seines prunkvollen Sessels sinkend, wie von Erschöpfung übermannt, aber auch befreit von einem enormen Gewicht. Ein gebrochener Mann, aber auch ein geretteter Mann.

Er weinte, der Baron von Carewall.
Seine Tränen.
Pater Pluche regungslos.
Doktor Atterdel wortlos.
Und nichts weiter.

Alles Dinge, von denen in den Ländereien von Carewall nie jemand etwas erfuhr. Aber alle ohne Ausnahme erzählen noch heute von dem, was *anschließend* geschah. Von der Zartheit, mit dem das Anschließende geschah.

»Elisewin...«

»Eine Wundertherapie...«

»Das Meer...«

»Es ist Wahnsinn...«

»Sie wird genesen, du wirst sehen...«

»Sie wird sterben.«

»Das Meer...«

Das Meer – das sah der Baron in den Aufzeichnungen der Geographen – war weit entfernt. Vor allem aber – das sah er in seinen Träumen – war es furchterregend, über die Maßen schön, schrecklich stark – unmenschlich und feindlich – wunderbar. Und es bedeutete fremde Farben, nie wahrgenommene Gerüche, unbekannte Geräusche – es war eine andere Welt. Er betrachtete Elisewin und konnte sich nicht vorstellen, wie sie sich all diesem annähern sollte, ohne im Nichts zu versinken, ohne sich in Luft aufzulösen vor Erregung und Erstaunen. Er dachte an den Augenblick, in dem sie sich plötzlich umdrehen würde und das Meer in den Blick bekam. Wochenlang dachte er darüber nach. Dann wußte er es. Im Grunde war es gar nicht so schwer. Unbegreiflich, daß er nicht früher daran gedacht hatte.

»Wie kommen wir hin, ans Meer?« fragte ihn Pater Pluche.

»Es wird euch selbst abholen kommen.«

An einem Aprilmorgen reisten sie ab, fuhren durch Felder und über Hügel und kamen bei Sonnenuntergang des fünften Tages an ein Flußufer. Es gab keinen Ort, keine Häuser, nichts. Doch auf dem Wasser schaukelte still ein kleines Schiff. Es hieß *Adel*. Gewöhnlich verkehrte es, Reichtümer und Elend zwischen dem Kontinent und den Inseln hin und her befördernd, in den Gewässern des Ozeans. Den Bug zierte eine Galionsfigur, deren lange Haare bis zum Boden reichten. Alle Winde der fernen Welt füllten die Segel. Der Kiel hatte jahrelang den Leib des Meeres erforscht. In jedem Winkel erzählten unbekannte Gerüche Geschichten, die die Gesichter der Seeleute in ihre Haut eingeschrieben trugen. Es war ein Zweimaster. Der Baron von Carewall hatte befohlen, daß er vom Meer aus bis zu jener Stelle den Fluß hinauf fahren sollte.

»Das ist ein wahnsinniger Einfall«, hatte der Kapitän ihm geschrieben.

»Ich werde Sie mit Gold überhäufen«, hatte der Baron geantwortet.

Und nun war der Zweimaster namens Adel da, gleich einem von jeder vernünftigen Route abgekommenen Gespensterschiff. Auf dem kleinen Steg, an dem gewöhnlich winzige Boote lagen, umarmte der Baron seine Tochter und sagte:

»Leb wohl.«

Elisewin schwieg. Sie verhüllte ihr Gesicht mit einem Seidenschleier, ließ ein zusammengefaltetes, versiegeltes Blatt Papier in des Vaters Hände gleiten, drehte sich um und ging auf die Männer zu, die sie auf das Schiff bringen sollten. Es war schon fast Nacht. Anders betrachtet, hätte es auch ein Traum sein können.

So reiste Elisewin auf die sanfteste Art der Welt flußabwärts dem Meer entgegen – nur einem Vater konnte so etwas in den Sinn kommen –, von der Strömung getragen, in einem Tanz von Windungen, Pausen und Verzögerungen, die der Fluß in jahrhundertelanger Fahrt gelernt hatte, er, der große Weise, der einzige, der den schönsten, sanftesten und behutsamsten Weg kannte, der ohne weh zu tun zum Meer führte. Sie segelten flußabwärts, so langsam, wie es die mütterliche Weisheit der Natur millimetergenau vorgab, gelangten nach und nach in eine Welt von Düften, Dingen, Farben, die Tag um Tag ganz bedächtig erst das entfernte, dann immer näher kommende Zugegensein des enormen Schoßes offenbarte, der sie erwartete. Die Luft veränderte sich, das Morgengrauen, der Himmel und die Bauweise der Häuser, die Vögel und die Geräusche, die Gesichter der Menschen am Ufer und die Wörter der Menschen auf ihren Lippen. Wasser glitt in Wasser hinein, wie schmeichelndes Umwerben, die Biegungen des Flusses wie ein Wiegenlied der Seele. Eine lautlose Reise. In Elisewins Kopf Tausende von Empfindungen, aber so leicht wie Federn im Wind.

In den Ländereien von Carewall erzählt man sich immer noch von dieser Reise. Jeder auf seine Weise. Alle, ohne sie miterlebt zu haben. Aber das macht nichts. Sie werden niemals aufhören, davon zu erzählen. Denn niemand soll vergessen, wie schön es wäre, wenn es für jedes Meer, das uns erwartet, einen Fluß für uns gäbe. Und jemand – ein Vater, ein Geliebter, irgend jemand –, der uns an die Hand nehmen und jenen Fluß finden könnte – ihn sich erdenken, ihn erfinden –, um uns mit der Leichtigkeit eines kurzen Ausrufs auf die Strömung zu setzen: Leb wohl. Das wäre wahrlich märchenhaft schön. Es wäre *sanft*, das Leben, jedes Leben. Und die Dinge würden nicht schmerzen, sondern sich von der Strömung getragen annähern, man könnte sie zuerst leicht, dann fester berühren und sich schließlich von ihnen berühren lassen. Sich auch *verletzen* lassen. Daran *sterben*. Das ist nicht wichtig. Aber alles wäre endlich *menschlich*. Man benötigte nur irgend jemandes Phantasie – die eines Vaters, eines geliebten Menschen, die von irgend jemandem. Der würde einen Weg erfinden, hier mitten in dieser Stille, auf dieser Erde, die nicht sprechen will. Einen gütigen und schönen Weg. Einen Weg von hier zum Meer.

Reglos beide, die Augen starr auf die unermeßliche Wasserfläche gerichtet. Unbegreiflich. Im Ernst. Ein Leben lang könnte man so stehenbleiben, ohne das Geringste zu begreifen, und immer nur schauen. Das Meer vor sich, einen langen Fluß hinter sich und schließlich Boden unter den Füßen. Und sie beide dort, reglos. Elisewin und Pater Pluche. Wie verzaubert. Ohne einen Gedanken im Kopf, einen wirklichen Gedanken, nur Staunen. Verwunderung. Und es dauert Minuten, viele Minuten – eine Ewigkeit –, bis Elisewin endlich, ohne die Augen vom Meer abzuwenden, sagt:

»Aber irgendwo hört es doch auf?«

Hunderte von Kilometern entfernt, in der Einsamkeit seines riesigen Schlosses, hält ein Mann eine Kerze nah an ein Blatt Papier und liest. Wenige Worte, alle in einer Zeile. Schwarze Tinte.

Fürchte dich nicht, auch ich fürchte mich nicht. Ich, die ich dich liebe. Elisewin.

Später wird eine Kutsche sie abholen, denn es ist Abend, und die Pension wartet. Eine kurze Fahrt. Die

Straße führt am Strand entlang. Ringsherum niemand. Fast niemand. Im Meer – was macht er *im* Meer? – ein Maler.

7

Auf Sumatra, vor der Nordküste von Pangei, tauchte alle sechsundsiebzig Tage ein dicht bewachsenes und augenscheinlich unbewohntes Inselchen in Form eines Kreuzes aus dem Meer auf. Wenige Stunden nur blieb es sichtbar, bevor es wieder im Meer versank. Am Strand von Carcais hatten die Fischer des Dorfes die Überreste der *Davemport* gefunden, die acht Tage zuvor am anderen Ende der Erde im Meer von Ceylon gesunken war. Auf der Route nach Farhadhar erschienen den Seeleuten seltsame leuchtende Schmetterlinge, die in ihnen Benommenheit und ein Gefühl von Schwermut auslösten. In den Gewässern von Bogador war ein Konvoi von vier Kriegsschiffen verschwunden, der an einem Tag ohne den leisesten Seegang von einer einzigen, aus dem Nichts aufgetauchten Riesenwelle verschlungen worden war.

Admiral Langlais blätterte bedächtig in den Dokumenten, die aus den unterschiedlichsten Gegenden einer Welt stammten, die sich offensichtlich ihren Irrsinn bewahrt hatte. Briefe, Auszüge aus Bordbüchern, Zeitungsausschnitte, Vernehmungsprotokolle, vertrauliche Nachrichten, Briefbotschaften. Von allem etwas. Die lakonische Kälte amtlicher Verlautbarungen oder die alkoholisierte Vertraulichkeit visionärer Seeleute durchkreuzten gleichermaßen die Welt, um auf dem Schreibtisch zu landen, an dem Langlais im Namen des Reiches mit seiner Gänsefeder die Grenze zog zwischen dem, was im Reich als *wahr* betrachtet werden, und dem, was als *unwahr* in Vergessenheit geraten würde. Von den Meeren des gesamten Erdballs zogen Hunderte von Gestalten und Stimmen wie in einer Prozession auf seinem Schreibtisch vorbei, um dort von einem Urteil, so scharf wie eine mit schwarzer Tinte gezogene Linie, verschluckt zu werden, die mit exakter Handschrift säuberlich in die in schwarzes Leder gebundenen Bücher eingesetzt wurde. Langlais' Hand war der Schoß, auf dem ihre Reisen Platz nahmen. Seine Feder die Klinge, über die er ihre Mühen springen ließ. Ein präziser, sauberer Tod.

Die vorliegende Aufzeichnung ist als gegenstandslos zu betrachten und darf als solche in den Landkarten und Dokumenten des Reiches weder verbreitet noch zitiert werden.

Oder ein auf ewig ungetrübtes Leben.

Die vorliegende Aufzeichnung ist als wahrheitsgemäß zu betrachten und findet als solche Aufnahme in allen Karten und Dokumenten des Reiches.

Langlais urteilte. Er verglich die Beweisstücke, überprüfte die Zeugenaussagen, untersuchte die Quellen. Und urteilte dann. Tagtäglich lebte er inmitten der Trugbilder einer unendlichen kollektiven Phantasie, in denen der klare Blick des Forschers und der halluzinierte Blick des Schiffbrüchigen manchmal identische Bilder und auf unlogische Weise sich ergänzende Geschichten produzierten. Er lebte inmitten von Wundern. Deshalb regierte in seinem Palast eine festgelegte, geradezu manische Ordnung: Sein Leben glitt dahin in einer unveränderlichen, strengen Geometrie von gewohnheitsmäßigen Handlungen, fast wie in einer Liturgie. So schützte sich Langlais. Er hielt die eigene Existenz fest in einem Netz millimetergenauer Regeln, mit denen er den Strudel des Imaginären, dem er seinen Verstand tagtäglich widmete, eindämmte. Die Ausschweifungen, die von allen Meeren der Welt auf ihn einströmten, wurden an dem akkuraten Damm seiner peniblen Sicherheiten aufgefangen. Einen Schritt weiter erwartete sie Langlais' Weisheit wie ein friedlicher See. Unbeugsam und gerecht.

Durch die geöffneten Fenster kam das rhythmische Geräusch einer Heckenschere herein, mit der der Gärtner mit der Sicherheit einer auf rettende Urteilssprüche angelegten Gerechtigkeit Rosen schnitt. Ein unbedeutendes Geräusch. An jenem Tag jedoch übermittelte das Geräusch dem Kopf des Admirals Langlais eine ganz bestimmte Nachricht. Geduldig und hartnäckig – zu nah am Fenster, um Zufall zu sein – vermittelte es ihm die obligatorische Erinnerung an eine Pflicht. Langlais hätte es lieber nicht gehört. Doch er war ein Ehrenmann. Folglich legte er die Papiere, die von den Inseln, Wracks und Schmetterlingen erzählten, beiseite, öffnete eine Kassette, nahm drei versiegelte Briefe heraus und legte sie auf den Schreibtisch. Sie kamen aus drei unterschiedlichen Gegenden. Obwohl sie die Kennzeichen für dringende und vertrauliche Post trugen, hatte Langlais sie aus Feigheit einige Tage an einer Stelle liegenlassen, wo er sie nicht einmal sehen konnte. Nun aber, mit trockener, formeller Geste, öffnete und las er sie, wobei er sich jedes Zögern untersagte. Auf einem Blatt notierte er ein paar Namen, ein Datum. Er bemühte sich, dies alles mit der unpersönlichen Neutralität eines königlichen Reichsbuchhalters zu tun. Seine letzte Eintragung lautete:

Pension Almayer, Quartel

Schließlich nahm er die Briefe in die Hand, erhob sich, und beim Kamin angekommen, warf er sie in die zaghafte Flamme, die über den schwachen Frühling jener Tage wachte. Während er beobachtete, wie sich die wertvolle Eleganz der Botschaften, die er nie im Leben hätte lesen wollen, kräuselte, nahm er deutlich eine dankbare, plötzliche Stille durch das geöffnete Fenster wahr. Die Heckenschere, bis dahin unermüdlich wie ein Uhrzeiger, schwieg. Erst etwas später verhallten in der Stille die Schritte des Gärtners, der sich entfernte. Es lag etwas derartig Gewissenhaftes in diesem Fortgehen, daß jedermann sich gewundert hätte. Nur Langlais nicht. Er wußte Bescheid. Rätselhaft für jedermann, kannte die Beziehung, die die beiden Männer – einen Admiral und einen Gärtner – verband, für diese keine Geheimnisse mehr. Die Gewohnheit des aus langen Zeitabschnitten des Schweigens und privater Signale bestehenden Miteinanders wachte seit Jahren über ihre einmalige Allianz.

Es gibt viele Geschichten. Diese kam von weit her.

Sechs Jahre zuvor wurde eines Tages ein Mann dem Admiral Langlais vorgeführt, der, wie man sagte, Adams hieß. Groß, robust, bis zu den Schultern reichendes Haar, von der Sonne verbrannte Haut. Es hätte ein Seemann wie viele andere sein können. Doch um ihn auf den Füßen zu halten, mußte man ihn stützen, er war nicht fähig zu gehen. Sein Hals wies eine abstoßende schwärende Wunde auf. Er stand auf eine unnatürliche Weise unbeweglich da, wie gelähmt oder abwesend. Das einzige, was auf einen letzten Rest von Bewußtsein hindeutete, war sein Blick. Es schien der Blick eines sterbenden Tieres zu sein.

»Er hat den Blick eines jagenden Tieres«, dachte Langlais.

Sie hätten ihn in einem Dorf im Herzen Afrikas gefunden, sagten sie. Es waren noch mehr Weiße da unten: Sklaven. Er jedoch war etwas anderes. Er war das Lieblingstier des Stammeshäuptlings. Auf groteske Weise mit Federn und bemalten Steinen geschmückt, bewegte er sich auf allen Vieren und war mit einem Strick an den Thron des königähnlichen Mannes angebunden. Er aß die Abfälle, die ihm dieser hinwarf. Sein Körper war von Wunden und Schlägen zerschunden. Er hatte zu bellen gelernt, auf eine Weise, die den König sehr amüsierte. Wenn er noch lebte, dann wahrscheinlich nur deshalb.

»Was hat er zu berichten?« fragte Langlais.

»Er, nichts. Er spricht nicht. Er will nichts sagen. Aber die anderen, die mit ihm zusammen waren... die anderen Sklaven... und wieder andere, die ihn erkannt haben, am Hafen... also, sie erzählen außergewöhnliche Dinge über ihn, es ist, als sei er überall schon gewesen, dieser Mann, rätselhaft... wenn man alles glauben will, was man sich erzählt...«

»*Was* erzählt man sich?«

Er, Adams, reglos und abwesend mitten im Raum. Und um ihn herum die explodierenden und die Luft auffrischenden Ausschweifungen der Erinnerung und Phantasie über die Abenteuer eines Lebens, das, wie sie sagen, das seine ist / dreihundert Kilometer zu Fuß durch die Wüste / er schwört, gesehen zu haben, wie er sich in einen Schwarzen verwandelt hat und dann wieder weiß geworden ist / weil er mit dem dortigen Medizinmann Geschäfte gemacht hat, und dabei hat er gelernt, wie man das rote Pulver herstellt, das / als sie sie gefangennahmen, fesselten sie alle an einen einzigen riesigen Baum und warteten, bis die Insekten sie völlig bedeckten, aber er fing an, in einer unverständlichen Sprache zu reden, und da haben diese Wilden plötzlich / schwor, er sei auf den Bergen gewesen, wo die Sonne nie untergeht, weswegen niemand bei gesundem Verstand wieder heruntergekommen ist außer ihm, der, als er unten war, lediglich sagte / am Hof des Sultans, an den sie ihn wegen seiner wunderschönen Stimme geholt hatten; und er, goldbedeckt, hatte sich in der Folterkammer aufzuhalten und zu singen, während sie dort ihre Arbeit verrichteten, alles nur, damit der Sultan nicht das störende Echo des Wehklagens hören sollte, sondern den Wohlklang seines Gesangs, der / im Kabalakisee, der so groß ist wie das Meer und von dem sie dort auch vermuteten, daß es das Meer sei, so lange nämlich, bis sie ein Schiff aus riesigen Blättern bauten, aus Baumblättern, und damit von einer Küste zur anderen fuhren, und er war auf dem Schiff, das könnte ich beschwören / um nackt und angekettet, damit sie nicht fliehen konnten, mit bloßen Händen Diamanten aus dem Sand zu sammeln, und er war mittendrin, wie es ebenfalls wahr ist, daß / alle sagten, er sei tot, ein Sturm habe ihn fortgerissen, aber eines Tages hackten sie vor dem Tesfa-Tor einem die Hände ab, einem Wasserdieb, und ich schaue genau hin, und er war's, tatsächlich er / deshalb nennt er sich Adams, aber er hatte schon tausend Namen, einmal hat ihn jemand getroffen, als er gerade Ra Me Nivar hieß, was in der Sprache der Gegend Fliegender Mann heißt, und ein anderes Mal an der afrikanischen Küste / in der Totenstadt, die niemand zu betreten wagte, weil seit Jahrhunderten ein Fluch über ihr lag, der bei denjenigen die Augen brechen ließ, die...

»Schluß damit.«

Langlais blickte nicht einmal von seiner Tabaksdose auf, mit der seine Hände schon minutenlang nervös spielten.

»Gut. Bringt ihn weg.«

Niemand rührte sich.

Schweigen.

»Herr Admiral, da wäre noch etwas.«

»Was?«

Schweigen.

»Dieser Mann hat Timbuktu gesehen.«

Langlais' Tabaksdose stockte.

»Es gibt welche, die bereit sind, es zu beschwören: Er war dort.«

Timbuktu. Die Perle Afrikas. Die unauffindbare prächtige Stadt. Truhe aller Schätze, Sitz aller barbarischen Götter. Herz der unbekannten Welt, Bastion mit tausend Geheimnissen, gespenstisches Imperium aller Reichtümer, verfehltes Ziel endloser Reisen, Quelle aller Gewässer und Traum eines jeden Himmels. Timbuktu. Die Stadt, die kein Weißer je gefunden hat.

Langlais blickte auf. Im Raum schienen alle in eine plötzliche Starre gefallen zu sein. Nur Adams Augen irrten weiter umher, darauf lauernd, eine unsichtbare Beute zu ergreifen.

Der Admiral verhörte ihn lange. Wie es seine Gewohnheit war, sprach er mit strenger, doch sanfter, fast unpersönlicher Stimme. Keine Gewalt, kein besonderer Druck. Nur die geduldige Prozession kurzer, präziser Fragen. Er bekam keine einzige Antwort.

Adams schwieg. Er schien für immer verbannt in eine Welt, die unabwendbar eine andere war. Nicht einen einzigen Blick konnte er ihm entreißen. Nichts.

Eine Weile blickte Langlais ihn fest an, ohne etwas zu sagen. Dann machte er eine Kopfbewegung, die keinen Widerspruch duldete. Sie zerrten Adams vom Stuhl hoch und schleppten ihn fort. Langlais sah, wie er sich entfernte – die Füße schleiften über den Marmorfußboden –, und er hatte das fatale Gefühl, daß in dem Augenblick auch Timbuktu in den ungenauen Landkarten des Reiches noch weiter in die Ferne rückte. Ohne eine Erklärung dafür zu haben, kam ihm eine der vielen Legenden in den Sinn, die über diese Stadt im Umlauf waren: daß die Frauen dort unten nur ein Auge unbedeckt ließen, das mit gefärbter Erde wunderbar ummalt war. Er hatte sich immer gefragt, warum in aller Welt sie das andere versteckt hielten. Er stand auf und trat gleichgültig ans Fenster. Als er es gerade öffnen wollte, ließ ihn eine Stimme in seinem Kopf erstarren; eine Stimme, die einen klaren und deutlichen Satz aussprach:

»Weil kein Mann ihren Blick aushalten könnte, ohne wahnsinnig zu werden.«

Langlais drehte sich abrupt um. Im Raum war niemand. Er wandte sich wieder zum Fenster. Einige Sekunden lang war er unfähig, überhaupt irgend etwas zu denken. Dann sah er auf der Allee unter sich die kleine Kolonne vorbeiziehen, die Adams ins Nichts zurückführte. Er fragte sich nicht, was er tun sollte. Er tat es einfach.

Wenige Augenblicke später stand er vor Adams, umringt vom Staunen der Anwesenden und leicht außer Atem nach dem schnellen Lauf. Er schaute Adams in die Augen und fragte leise:

»Woher weißt du das?«

Adams schien ihn nicht einmal zu bemerken. Er blieb weiterhin an irgendeinem merkwürdigen Ort, der Tausende von Kilometern entfernt zu sein schien. Doch seine Lippen bewegten sich, und alle hörten, wie seine Stimme sagte:

»Weil ich sie gesehen habe.«

Langlais waren viele Fälle wie der von Adams vorgekommen. Seeleute, die ein Sturm oder auch die Grausamkeit der Piraten an eine beliebige Küste irgendeines unbekannten Kontinents verschlagen hatte, Geiseln des Zufalls und Beute von Stämmen, für die der weiße Mann nicht viel mehr war als eine bizarre Tierart. Wenn ein gnädiger Tod sie nicht beizeiten holte, dann war es eben ein anderer, erbarmungsloser Tod, der sie in irgendeinem stinkenden oder prächtigen Winkel unglaubhafter Welten erwartete. Wenige nur wurden von einem Schiff geborgen, kamen lebendig da wieder heraus und in die zivilisierte Welt zurück; an ihnen hafteten jedoch die unabwendbaren Merkmale ihrer eigenen Katastrophe. Wracks, die den Verstand verloren hatten, aus der Fremde zurückgeschickter menschlicher Abschaum. Verlorene Seelen.

Langlais wußte das alles. Dennoch nahm er Adams zu sich. Er entriß ihn dem Elend und brachte ihn in seinen Palast. In welche Welt auch immer sein Seelenleben sich geflüchtet haben mochte, er würde ihn da abholen. Und ihn zurückführen. Nicht, daß er ihn retten wollte. Ganz so war es nicht. Er wollte die Geschichten retten, die in ihm verborgen waren. Gleichgültig, wieviel Zeit er dazu brauchen würde: er wollte die Geschichten, und er würde sie bekommen.

Er wußte, daß Adams ein Mann war, den das eigene Leben zugrunde gerichtet hatte. Er stellte sich dessen Seele vor als ein friedvolles Dorf, das in der stürmischen Invasion einer wirbelnden Menge an Bildern, Gefühlen, Gerüchen, Tönen, Schmerzen und Worten geplündert und in alle Winde vertrieben worden war. Der Zustand des Todes, den er nach außen hin vorspiegelte, war das paradoxe Ergebnis eines explodierten Lebens. Ein nicht aufzuhaltendes Chaos, das unter seiner Stummheit und seiner Regungslosigkeit brodelte.

Langlais war kein Arzt und hatte noch nie jemanden gerettet. Aber aus seinem eigenen Leben hatte er die unvorhersehbare therapeutische Kraft der Genauigkeit gelernt. Er selbst, so konnte man sagen, behandelte sich ausschließlich mit der Genauigkeit. Es war das Medika-

ment, das – in jedem Schlückchen seines Lebens aufgelöst – das Gift der Verirrung fernhielt. Er dachte
deshalb, daß Adams' unangreifbares Entferntsein sich
allein durch tägliches geduldiges Einüben von Ge-
nauigkeiten lösen könnte. Er fühlte, daß es auf eine
bestimmte Weise eine *liebenswerte* Genauigkeit sein
müßte, die nur ganz sacht von der Kälte eines mecha-
nischen Ritus berührt und in der milden Wärme der
Poesie zu pflegen war. Lange suchte er danach in der
Welt der Dinge und Gesten, die ihn umgab. Und fand
sie schließlich. Und denen, die es wagten, ihn nicht
ohne einen gewissen Sarkasmus zu fragen:

»Was soll das für eine Wundermedizin sein, mit der
Sie Ihren Wilden zu retten gedenken?«,

beliebte er zu antworten:

»Mit meinen Rosen.«

Wie ein Kind wohl ein verirrtes Vögelchen in die
künstliche milde Wärme eines Stoffnestes setzen
würde, so setzte Langlais Adams in seinen Garten. Ein
bewundernswerter Garten, in dem die raffiniert ange-
ordneten Kompositionen das Ausbrechen der vielen
Farben in Schach hielten und die Disziplin eiserner
Symmetrien die einzigartige Nachbarschaft von aus
aller Welt stammenden Blumen und Pflanzen regelte.
Ein Garten, in dem das Chaos des Lebens eine göttlich
exakte Gestalt annahm.

Das war es, was Adams langsam zu sich selbst
zurückführte. Monatelang blieb er schweigsam, widmete sich willig allein dem Erlernen von tausend – präzisen – Regeln. Dann wurde aus seiner Abwesenheit
langsam eine undeutliche Anwesenheit, die hier und da
von kurzen Sätzen durchzogen und nicht mehr vom

hartnäckigen Überleben des Tieres bestimmt war, das sich in ihm versteckt hielt. Wer ihn ein Jahr später zu Gesicht bekam, hätte nicht den geringsten Zweifel gehegt, den klassischsten und perfektesten aller Gärtner vor sich zu haben: schweigsam und gelassen, bedächtig und bestimmt in seinen Gesten, unergründlich und ohne Alter. Ein gütiger Gott einer kleinen Schöpfung.

In dieser ganzen Zeit stellte ihm Langlais keine einzige Frage. Er wechselte ein paar Worte mit ihm, die zumeist den Gesundheitszustand der Schwertlilien oder einen unberechenbaren Wetterwechsel betrafen. Keiner von beiden spielte auf die Vergangenheit an, auf irgendeine Vergangenheit. Langlais wartete. Er hatte keine Eile. Er genoß sogar die Freude der Erwartung. So sehr sogar, daß er einen absurden Anflug von Verärgerung verspürte, als eines Tages, während er auf einem Nebenweg im Garten spazierenging und in Adams' Nähe vorbeikam, sah, wie dieser von einer perlfarbenen Petunie aufblickte und hörte, wie er – augenscheinlich an niemanden gewandt – deutlich diese Worte aussprach:

»Timbuktu hat keine Stadtmauern, denn dort glauben sie seit jeher, daß allein ihre Schönheit ausreicht, um jeden möglichen Feind aufzuhalten.«

Dann schwieg Adams und senkte den Blick wieder auf die perlfarbene Petunie. Langlais setzte, ohne ein einziges Wort zu sagen, seinen Weg fort. Nicht einmal Gott, falls er existierte, hätte etwas bemerkt.

Von dem Tag an begannen alle seine Geschichten aus Adams herauszufließen.

Zu den unterschiedlichsten Gelegenheiten und in undurchschaubaren Zeitintervallen und Liturgien. Langlais beschränkte sich aufs Zuhören. Nie stellte er eine Frage. Er hörte bloß zu. Manchmal waren es einfache Sätze. Andere Male richtige Erzählungen. Adams erzählte mit leiser, warmer Stimme. Mit erstaunlicher Kunstfertigkeit bemaß er seine Worte und sein Schweigen. In seinem Psalmodieren von phantastischen Erscheinungen hatte er etwas Hypnotisches. Ihm zu lauschen war wie Magie. Langlais war verzaubert.

Nichts von dem, was er bei den Erzählungen erfuhr, gelangte in seine in dunkles Leder eingebundenen Register. Das Reich hatte diesmal nichts damit zu tun. Diese Geschichten gehörten ihm. Er hatte darauf gewartet, daß sie aus dem Schoß einer geschändeten, toten Erde aufkeimten. Und nun erntete er sie. Sie waren das erlesene Geschenk, so hatte er beschlossen, mit dem er seine eigene Einsamkeit beglücken wollte. Er stellte sich vor, wie er im demütigen Schatten dieser Geschichten altern würde. Und eines Tages sterben würde mit dem für jeden anderen weißen Mann verbotenen Bild des allerschönsten Gartens von Timbuktu vor Augen.

Er glaubte, das alles würde – so zauberhaft beschwingt und leicht – ewig so bleiben. Er konnte nicht vorhersehen, daß ihn schon bald etwas überraschend Grausames an diesen Mann namens Adams binden würde.

Es geschah nämlich, daß sich Admiral Langlais einige Zeit nach Adams' Ankunft in der ebenso mißlichen wie banalen Lage befand, bei einem Schachspiel sein Leben aufs Spiel setzen zu müssen. Zusammen mit seinem kleinen Gefolge war er auf freiem Feld von einem Banditen überrascht worden, der in der Gegend für seinen Irrsinn und die Grausamkeit seiner Taten unrühmlich berüchtigt war. In dem Fall zeigte er sich erstaunlicherweise geneigt, nicht über seine Opfer herzufallen. Als einzigen hielt er Langlais gefangen und schickte alle anderen zurück mit dem Auftrag, die enorme Lösegeldsumme aufzutreiben. Langlais wußte, daß er reich genug war, um sich die Freiheit zurückzukaufen. Was er hingegen nicht vorhersehen konnte, war, ob der Bandit geduldig genug sein würde, auf die Ankunft der großen Geldsumme zu warten. Zum ersten Mal in seinem Leben spürte er einen stechenden Todesgeruch an sich haften. Zwei Tage verbrachte er angekettet und mit verbundenen Augen in einem Karren, der seine Fahrt nie unterbrach. Am dritten Tag befahl man ihm auszusteigen. Als man ihm die Augenbinde abgenommen hatte, fand er sich dem Banditen gegenüber sitzend wieder. Zwischen beiden stand ein kleiner Tisch. Auf dem Tisch ein Schachbrett. Der Bandit war recht lapidar in seiner Erklärung. Er räumte ihm eine Chance ein. Eine Partie. Wenn er gewann, war er frei. Wenn er verlor, würde er ihn töten.

Langlais versuchte, ihn zur Vernunft zu bringen. Als toter Mann sei er keinen Pfennig wert, warum sollte man ein Vermögen einfach so wegwerfen?

»Ich habe Sie nicht nach Ihrer Meinung gefragt. Ich habe gefragt: ja oder nein. Also beeilen Sie sich.«

Ein Wahnsinniger. Das war ein Wahnsinniger. Langlais begriff, daß er keine Wahl hatte.

»Ganz wie Sie wollen«, sagte er und senkte seinen Blick auf das Schachbrett. Er brauchte nicht lange, um festzustellen, daß der Bandit zwar wahnsinnig, aber erbarmungslos gerissen wahnsinnig war. Nicht nur, daß er die weißen Figuren für sich selbst vorbehalten hatte – es wäre wohl auch albern gewesen, das Gegenteil zu verlangen –, aber er spielte mit einer zweiten Königin, die er sorgfältig auf den Platz des rechten Läufers gestellt hatte. Eine skurrile Variante.

»Ein König«, erklärte der Bandit, auf sich selbst zeigend, »und zwei Königinnen«, fügte er höhnisch hinzu und zeigte auf die beiden wahrhaft wunderschönen Frauen, die ihm zur Seite saßen. Dieser witzige Einfall sorgte bei den Anwesenden für ungehemmtes Gelächter und zügelloses Freudengeschrei. Nicht ganz so vergnügt blickte Langlais zu Boden und dachte, daß er im Begriff war, auf die dümmste Art und Weise, die man sich denken konnte, zu sterben.

Der erste Zug des Banditen stellte vollkommene Stille her. Bauer des Königs zwei Felder vor. Langlais war an der Reihe. Er zögerte etwas. Es war, als warte er auf etwas, wußte aber nicht, worauf. Erst als er im Geheimen seines Kopfes eine Stimme hörte, begriff er. Die Stimme sagte mit wunderbarer Gelassenheit:

»Springer in die Reihe des Läufers vom König.« Diesmal schaute er sich nicht um. Die Stimme kannte er. Und er wußte auch, daß sie nicht anwesend war. Sie kam, weiß Gott wie, aus weiter Ferne. Er griff nach dem Springer und setzte ihn vor den Läufer des Königs. Beim sechsten Zug war er schon um eine Figur im Vorteil. Beim achten rochierte er. Beim elften war er Herr der Schachbrettmitte. Zwei Züge später opferte er einen Läufer, was beim nächsten Zug zur Folge hatte, daß er die gegnerische Königin gewann. Die zweite schaltete er mit einer Kombination aus, derer er – darüber war er sich klar – niemals fähig gewesen wäre ohne die rechtzeitige Ansage der irrwitzigen Stimme. Je mehr der Widerstand der weißen Figuren erlahmte, um so mehr wuchsen in dem Banditen, das spürte er, Wut und wilde Ratlosigkeit. Es kam so weit, daß er sich davor fürchtete zu gewinnen. Doch die Stimme ließ ihm keinen Ausweg.

Beim dreiundzwanzigsten Zug verschenkte der Bandit einen Turm durch einen dermaßen offenkundigen Fehler, daß es so aussah, als wolle er aufgeben. Langlais war im Begriff, sich den Fehler automatisch zunutze zu machen, als er die Stimme hörte, die ihm in eindringlichem Ton zuflüsterte:

»Aufpassen, Admiral, der König.«

Auf den König aufpassen? Langlais hielt inne. Der weiße König stand auf einer völlig ungefährlichen Position hinter den Überresten einer verpfuschten Rochade. Aufpassen, auf was denn bloß? Er blickte auf das Schachbrett und begriff nicht.

Aufpassen, der König.

Die Stimme schwieg.

Alles schwieg.

Wenige Augenblicke nur.

Dann begriff Langlais. Es war wie ein Blitz, der ihm durchs Hirn fuhr, einen Augenblick nur, bevor der Bandit aus dem Nichts ein Messer zog, dessen Klinge blitzschnell auf sein Herz zu stieß. Langlais war schneller als er. Er packte seinen Arm, konnte ihm das Messer entwinden, und wie um die Handbewegung, die jener begonnen hatte, zu beenden, schnitt er ihm die Kehle durch. Der Bandit stürzte zu Boden. Die beiden entsetzten Frauen flüchteten. Die anderen waren alle wie versteinert vor Staunen. Langlais bewahrte die Ruhe. Mit einer Geste, die er später ohne zu zögern als unnötig feierlich bezeichnen sollte, nahm er den weißen König und legte ihn flach auf das Schachbrett. Dann stand er auf, wobei er das Messer fest in der Faust hielt, und entfernte sich langsam von dem Schachbrett. Niemand regte sich. Er stieg auf das erste Pferd, das ihm über den Weg lief, warf einen letzten Blick auf die seltsame Szene, die aus dem Volkstheater hätte stammen können, und machte sich aus dem Staub. Wie es des öfteren in den entscheidenden Augenblicken des Lebens geschieht, war er erstaunlicherweise nur eines einzigen, völlig unbedeutenden Gedankens fähig: Es war das erste Mal – das erste –, daß er mit schwarzen Figuren eine Schachpartie gewann.

Als er zu seinem Palast kam, fand er Adams ohne Bewußtsein und vom Hirnfieber geschüttelt im Bett liegend vor. Die Ärzte wußten nicht, was sie tun sollten. Er sagte:

»Tun Sie nichts. Gar nichts.«

Nach vier Tagen kam Adams zu sich. Langlais wachte an seinem Lager. Sie schauten sich an. Adams schloß erneut die Augen. Und Langlais sagte mit leiser Stimme:

»Ich verdanke dir mein Leben.«

»*Ein* Leben«, stellte Adams klar. Dann öffnete er die Augen erneut und richtete sie direkt in die von Langlais. Dieser Blick war nicht der Blick eines Gärtners. Es war der Blick eines jagenden Tieres.

»Mein Leben bedeutet mir nichts. Es geht mir um ein anderes Leben, das ich haben will.«

Was dieser Satz zu bedeuten hatte, verstand Langlais

erst sehr viel später, als es nämlich schon zu spät war, nicht darauf einzugehen.

Ein Gärtner steht regungslos vor dem Schreibtisch eines Admirals. Bücher und Papiere überall. Aber ordentlich. *Ordentlich*. Und Leuchter, Teppiche, Ledergeruch, dunkle Gemälde, braune Vorhänge, Landkarten, Waffen, Münzen, Porträts. Silber. Der Admiral reicht dem Gärtner ein Blatt Papier und sagt:

»Pension Almayer. Am Meer, in der Nähe von Quartel.«

»Dort ist er?«

»Ja.«

Der Gärtner faltet das Blatt Papier, steckt es in die Tasche und sagt:

»Ich fahre heute abend.«

Der Admiral senkt die Augen und hört dabei, wie die Stimme des anderen sagt:

»Leben Sie wohl.«

Der Gärtner geht auf die Tür zu. Ohne ihn anzuschauen, flüstert der Admiral:

»Und dann? Was wird danach passieren?«

Der Gärtner bleibt stehen.

»Nichts mehr.«

Und geht hinaus.

Der Admiral schweigt.

… während Langlais in Gedanken der Route eines Schiffes folgte, das in den Gewässern von Malagar buchstäblich weggeflogen war, beschloß Adams, bei einer Borneorose stehenzubleiben, um ein Insekt zu beobachten, das sich immer wieder abmühte, eine Blüte hinaufzukriechen, bis es schließlich aufgab und fortflog; darin dem Schiff ähnlich und gleichgesinnt, das der gleiche Instinkt die Gewässer von Malagar hinaufgeführt hatte. Brüder beide in der eindeutigen Absage an die Wirklichkeit und in der Wahl der luftigen Flucht, waren sie in dem Augenblick dadurch geeint, daß sie gleichzeitig Bilder in den Augen und in der Erinnerung zweier Männer waren, die nichts mehr hätte trennen können und die gerade diesen beiden Flügen, dem des Insekts und dem des Schiffes, beide im gleichen Moment ihr Entsetzen anvertrauten angesichts der bitteren Ahnung eines Endes und der bestürzenden Erkenntnis, wie still das Schicksal sein kann, wenn es sich plötzlich entlädt.

8

Im ersten Stock der Pension Almayer, in einem Zimmer mit Blick auf die Hügel, kämpfte Elisewin mit der Nacht. Reglos unter ihren Decken liegend, wartete sie darauf herauszufinden, was schneller kommen würde, der Schlaf oder die Angst.

Das Meer klang wie eine fortwährende Lawine, wie Donner eines unaufhörlichen Gewitters, wer weiß welchen Himmels Kind. Es hörte nicht eine Sekunde lang auf. Es kannte keine Müdigkeit. Und keine Gnade.

Wenn man es anschaut, merkt man es nicht: wieviel Lärm es macht. Aber im Finstern ... All das Unendliche ist nur noch Getöse, Mauer aus Lärm, quälendes und blindes Gebrüll. Man kann es nicht abschalten, das Meer, wenn es brennt, des Nachts.

Elisewin spürte, wie eine leere Luftblase in ihrem Kopf zerplatzte. Diese heimliche Explosion, der unsichtbare, unerzählbare Schmerz, war ihr wohl vertraut. Aber ihn zu kennen nützte nichts. Gar nichts. Das heimtückische, schleichende Übel holte sie ein – schamloser Stiefvater, der sich holte, was ihm zustand.

Es war nicht so sehr die Kälte, die sie von innen her durchdrang, auch nicht das wie verrückt klopfende Herz oder der Schweiß, der ihr überall eiskalt ausbrach, oder das Zittern ihrer Hände. Das Schlimmste war das Gefühl, dahinzuschwinden, den eigenen Kopf zu verlassen, nur noch aus unbestimmter Panik zu bestehen und aus Zuckungen der Angst. Gedanken wie Ansätze einer Rebellion – Schauer – das Gesicht zur Fratze verzerrt, um es fertigzubringen, die Augen geschlossen zu halten – um es fertigzubringen, die Dunkelheit nicht sehen zu müssen, Grausen ohne Ausweg. Welch ein Kampf!

Elisewin brachte es fertig, an die Tür zu denken, die, nur wenige Meter von ihr entfernt, ihr Zimmer mit dem von Pater Pluche verband. Wenige Meter nur. Sie mußte es schaffen. Sie würde jetzt aufstehen, und ohne die Augen zu öffnen würde sie die Tür finden, und dann würde allein schon Pater Pluches Stimme genügen, nur seine Stimme, und alles wäre vorbei – sie müßte nur aufstehen, die Kraft für ein paar Schritte finden, das Zimmer durchqueren, die Tür öffnen – aufstehen, unter der Bettdecke hervorkriechen, sich an der Wand entlangtasten – aufstehen, auf die Beine kommen, die wenigen Schritte machen – aufstehen, die Augen geschlossen halten, die Tür finden, sie öffnen – aufstehen, durchatmen und sich dann vom Bett lösen – aufstehen, nicht sterben – dort aufstehen – aufstehen. Welch ein Grausen. Welch ein Grausen.

Es waren nicht wenige Meter. Es waren Kilometer, Ewigkeiten: genauso viele wie die, die sie von ihrem eigentlichen Zimmer trennten, von ihren Sachen, von ihrem Vater und von dem Ort, der ihr gehörte. Alles war so weit entfernt. Alles war verloren.

So gewinnt man keine Schlachten. Elisewin gab auf.

Als läge sie im Sterben, öffnete sie die Augen.

Sie begriff nicht gleich.

Das hatte sie nicht erwartet.

Es war hell im Zimmer. Ein mattes Licht nur. Aber überall. Warm.

Sie drehte sich zur Seite. Auf einem Stuhl neben dem Bett saß Dira, ein dickes Buch aufgeschlagen auf den Knien und einen Kerzenleuchter in der Hand. Eine brennende Kerze. Das Flämmchen in der Finsternis, die keine mehr war.

Elisewin blieb still liegen, den Kopf ein wenig vom Kissen abgehoben, und schaute. Es schien woanders zu sein, dieses Mädchen, und dennoch war es da. Die Augen fest auf die Buchseiten gerichtet, berührten ihre leicht schaukelnden Füße nicht einmal den Boden: schaukelnde Füßchen, die mit zwei Beinen und einem Röckchen verbunden waren.

Elisewin ließ ihren Kopf auf das Kissen zurücksinken. Sie sah, wie das Flämmchen der Kerze ruhig brannte. Und wie der Raum um sie herum sanft schlief. Sie fühlte sich müde, eine wunderbare Müdigkeit. Sie konnte gerade noch denken:

»Man hört das Meer gar nicht mehr.«

Dann schloß sie die Augen. Und schlief ein.

Am Morgen sah sie den Kerzenleuchter einsam auf dem Stuhl stehen. Die Kerze brannte noch. Sie schien gar nicht heruntergebrannt. Als hätte sie über eine Nacht gewacht, die nur einen Augenblick lang gedauert hatte. Ein unsichtbares Flämmchen im breiten Licht, das vom Fenster her den neuen Tag in ihr Zimmer brachte.

Elisewin stand auf. Sie blies die Kerze aus. Von allen

Seiten her war das Spiel eines unermüdlichen Musikers zu hören. Ein grandioses Getöse. Ein Schauspiel.

Da war es wieder, das Meer.

Plasson und Bartleboom verließen an dem Morgen gemeinsam das Haus. Jeder mit seinen Instrumenten: Plasson mit Staffelei, Farben und Pinseln, Bartleboom mit Heften und verschiedenen Meßgeräten. Man hätte meinen können, sie kämen vom Speicheraufräumen bei einem verrückten Erfinder. Der eine in Schaftstiefeln und Anglerjacke, der andere im Forscheranzug, mit einer Wollmütze auf dem Kopf und fingerlosen Handschuhen, wie Pianisten sie tragen. Womöglich war der Erfinder nicht der einzige Verrückte in der Gegend dort.

Eigentlich kannten sich Plasson und Bartleboom gar nicht. Sie waren sich nur ein paarmal in einem Flur in der Pension oder im Speiseraum über den Weg gelaufen. Wahrscheinlich wären sie nie gemeinsam zum Strand gegangen, jeder an seine Arbeitsstätte, wenn Ann Deverià das nicht beschlossen hätte.

»Es ist verblüffend. Aber wenn jemand Sie beide zusammenbauen würde, käme ein einziger, perfekter Verrückter dabei heraus. Meiner Ansicht nach fragt sich Gott, das große Puzzle vor der Nase, immer noch, wo die beiden Teile eigentlich geblieben sind, die so gut zusammenpaßten.«

»Was ist ein Puzzle?« fragte Bartleboom in der gleichen Sekunde, in der Plasson fragte:

»Was ist ein Puzzle?«

Am nächsten Morgen marschierten sie am Meeresufer entlang, jeder mit seinen Instrumenten, doch gemeinsam in der täglichen Mühsal, hin zu ihren widersinnigen Pflichten.

Plasson war in den vergangenen Jahren zu Geld gekommen, weil er der begehrteste Porträtmaler der Hauptstadt geworden war. Man konnte wohl sagen, daß es in der ganzen Stadt keine einzige raffgierige Familie gab, die nicht einen Plasson im Hause hätte. Porträts, wohlgemerkt, ausschließlich Porträts. Landbesitzer, kränkelnde Gattinnen, aufgeblasene Söhne, eingefallene Großtanten, rotwangige Industrielle, heiratsfähige Damen, Minister, Geistliche, Primadonnen der Oper, Militärs, Dichterinnen, Geiger, Akademiker, Konkubinen, Bankiers, Wunderknaben: entsprechend gerahmt schauten von den gut situierten Wänden der Hauptstadt Hunderte von betroffenen Gesichtern herab, die unausweichlich veredelt waren durch das, was in den Salons »die Hand Plassons« genannt wurde: eine merkwürdige stilistische Charakterisierung, die man ansonsten wohl in »Talent« übersetzen könnte, ein in der Tat außerordentliches, einmaliges Talent, dank dem der geschätzte Maler jedem noch so beliebigen Blick, und sei es der eines Kalbes, einen Anstrich von Intelligenz zu schenken verstand. »Und sei es der eines Kalbes« war allerdings ein Ausdruck, der in den Salons für gewöhnlich keine Erwähnung fand.

Plasson hätte noch Jahre so weitermachen können. Gesichter von reichen Leuten gehen nie aus. Aber eines Tages entschied er unversehens, alles hinzuwerfen. Und fortzugehen. Eine ganz bestimmte Inspiration, die er seit Jahren nährte, zog ihn fort.

Ein Porträt vom Meer wollte er malen.

Er verkaufte alles, was er besaß, verließ sein Atelier

und machte sich auf eine Reise, die, so viel begriff er, unter Umständen auch endlos werden konnte. Es gab Tausende von Kilometern Küste überall auf der Welt. Es würde keine ganz leichte Sache sein, die passende Stelle ausfindig zu machen.

Den Reportern der Klatschpresse gegenüber, die ihn nach den Gründen für seinen unüblichen Abgang fragten, machte er keine Andeutungen hinsichtlich der Sache mit dem Meer. Sie wollten wissen, was hinter dem Verzicht des größten Meisters vortrefflicher Porträtkunst steckte. Er antwortete ihnen kurz mit einem Satz, der sich von da an immer wieder für die unterschiedlichsten Interpretationen anzubieten schien.

»Ich bin die Pornographie leid.«

Weg war er. Niemand würde ihn je wiederfinden.

Von all diesen Dingen wußte Bartleboom nichts. Er konnte davon nichts wissen. So kam es, daß er dort am Meeresstrand, nachdem die Freundlichkeiten hinsichtlich des Wetters erschöpft waren, bloß um die Konversation in Gang zu halten zu fragen wagte:

»Malen Sie schon lange?«

Auch in diesem Fall war Plasson kurz angebunden.

»Nie was anderes gemacht.«

Jeder, der Plasson so reden hörte, hätte den Schluß gezogen, daß es nur zwei Möglichkeiten gab: Entweder war er unerträglich eitel, oder er war ein Tölpel. Doch auch hier: Man mußte das verstehen. Plasson hatte eine seltsame Eigenart: Er beendete keinen Satz, wenn er sprach. Er brachte es nicht fertig. Er kam nur dann bis zum Ende eines Satzes, wenn dieser nicht mehr als sieben, acht Wörter umfaßte. Sonst verlor er auf halbem Weg die Orientierung. Deshalb bemühte er sich vor allem Fremden gegenüber, sich auf kurze, treffende Sätze zu beschränken. Und darin, das muß man sagen, bewies er Talent. Gewiß waren seine Aussagen dadurch ein wenig vage und unangenehm wortkarg. Aber das war immer noch besser, als ein tölpelhaftes Bild abzugeben: was nämlich immer dann der Fall war, wenn er sich in gegliederte Sätze stürzte oder auch nur in gewöhnliche: er brachte sie einfach nicht zu Ende, nie.

»Sagen Sie, Plasson, gibt es etwas auf der Welt, das Sie zu Ende bringen können?« hatte ihn eines Tages Ann Deverià gefragt, die in ihrem üblichen Zynismus den Kern des Problems durchschaut hatte.

»Ja, unliebsame Unterhaltungen«, hatte er geantwortet, war vom Tisch aufgestanden und in sein Zimmer gegangen. Er hatte, wie schon gesagt, ein Talent für kurze Antworten. Wirkliches Talent.

Auch davon wußte Bartleboom nichts. Er konnte davon nichts wissen. In kürzester Zeit aber erfuhr er es.

Unter der mittäglichen Sonne saßen er und Plasson am Strand und aßen das bißchen Proviant, das Dira ihnen mitgegeben hatte. Die Staffelei steckte wenige Meter von ihnen entfernt im Sand. Über allem der übliche Nordwind.

BARTLEBOOM: »Machen Sie jeden Tag eines von den Bildern da?«

PLASSON: »Gewissermaßen…«

BARTLEBOOM: »Sie haben sicher das ganze Zimmer voll davon…«

PLASSON: »Nein. Ich werfe sie weg.«

BARTLEBOOM: »Weg?«

PLASSON: »Sehen Sie das da auf der Staffelei?«

BARTLEBOOM: »Ja.«

PLASSON: »Fast alle sehen so aus.«

BARTLEBOOM: »...«

PLASSON: »Würden Sie sie aufheben?«

Eine Wolke verdeckt die Sonne. Eine Kälte kommt auf, wie man sie nicht erwartet hätte. Bartleboom setzt seine Wollmütze wieder auf.

PLASSON: »Es ist schwierig.«

BARTLEBOOM: »Das brauchen Sie mir nicht zu sagen. Ich könnte nicht einmal dieses Stück Käse hier zeichnen, es ist mir ein Rätsel, wie Sie so etwas machen können, es ist mir ein Rätsel.«

PLASSON: »*Das Meer* ist schwierig.«

BARTLEBOOM: »...«

PLASSON: »Es ist so schwer zu erkennen, an welcher Stelle man beginnen soll. Sehen Sie, als ich noch Porträts malte, Porträts von Leuten, da wußte ich, wo ich anfangen mußte, ich schaute in die Gesichter und wußte ganz genau...« (stopp).

BARTLEBOOM: »...«

PLASSON »...«

BARTLEBOOM: »...«

PLASSON »...«

BARTLEBOOM: »Sie haben Leute porträtiert?«

PLASSON: »Ja.«

BARTLEBOOM: »Meine Güte, seit Jahren will ich schon ein Porträt von mir malen lassen, ehrlich, das wird Ihnen jetzt albern vorkommen, aber...«

PLASSON: »Als ich noch Porträts von Leuten gemacht habe, *fing ich bei den Augen an*. Ich vergaß alles andere und konzentrierte mich auf die Augen, ich studierte sie Minute um Minute, dann skizzierte ich sie mit

Bleistift, und das war das Geheimnis, weil, wenn erst einmal die Augen gemalt sind...« (stopp).

BARTLEBOOM: »...«

PLASSON: »...«

BARTLEBOOM: »Was ist, wenn Sie erst einmal die Augen gezeichnet haben?«

PLASSON: »Dann kommt alles weitere von selbst, es ist, als gruppierten sich all die anderen Teile von allein um den Anfangspunkt herum, man braucht nicht einmal... » (stopp).

BARTLEBOOM: »Braucht man nicht.«

PLASSON: »Nein. Man könnte sogar fast darauf verzichten, das Modell anzuschauen, alles geht von allein, der Mund, die Halskurve, sogar die Hände... Wesentlich aber ist, bei den Augen anzufangen, verstehen Sie? Und hier liegt das eigentliche Problem; das Problem, das mich ganz verrückt macht, liegt genau hier:...« (stopp).

BARTLEBOOM: »...«

PLASSON »...«

BARTLEBOOM: »Haben Sie denn eine Ahnung, wo das Problem liegt, Plasson?«

Zugegeben, es war etwas mühsam. Aber es funktionierte. Man mußte ihn nur wieder in Gang bringen. Jedesmal von neuem. Mit Geduld. Bartleboom war, wie man aus seinem eigenartigen Gefühlsleben schließen konnte, ein geduldiger Mensch.

PLASSON: »Das Problem ist: *Wo, zum Teufel, sind die Augen des Meeres?* Ich werde nie etwas zuwege bringen, solange ich das nicht entdecke, denn da ist der *Anfang*, verstehen Sie? Die Grundlage für alles, und solange ich nicht begreife, wo er ist, werde ich meine Tage damit zubringen, diese verfluchte Wasserfläche anzustarren, ohne...« (stopp).

BARTLEBOOM: »...«

PLASSON »...«

BARTLEBOOM: »...«

PLASSON: »Das ist das Problem, Bartleboom:«

Ein Wunder: diesmal hatte er von allein weitergeredet.

PLASSON: »Das ist das Problem: *Wo beginnt das Meer?*«

Bartleboom schwieg.

Zwischen den Wolken kam und ging die Sonne. Es war der Nordwind, immer noch der gleiche, der dieses stille Schauspiel veranstaltete. Das Meer fuhr ungerührt fort, seine Psalmen aufzusagen. Wenn es Augen hatte, schaute es in dem Augenblick woanders hin.

Schweigen.

Minutenlanges Schweigen.

Dann wandte sich Plasson Bartleboom zu und sagte in einem Atemzug:

»Und Sie ... was erforschen Sie denn mit all Ihren komischen Instrumenten?«

Bartleboom lächelte:

»Wo das Meer *aufhört*.«

Zwei Puzzleteile. Füreinander geschaffen. An irgendeinem Ort im Himmel hatte sie ein alter Herr in dem Augenblick endlich wiedergefunden.

»Zum Teufel! – Ich wußte doch, daß sie mir nicht abhanden gekommen waren.«

»Das Zimmer liegt im Erdgeschoß. Da runter, die dritte Tür links. Schlüssel gibt's keine. Hier hat niemand welche. In das Buch da sollten Sie Ihren Namen eintragen. Es ist keine Pflicht, aber alle hier machen es.«

Das Gästebuch wartete aufgeschlagen auf einem Holzpult. Ein frisch bezogenes papiernes Bett wartete auf die Träume neuer Namen. Die Feder des Mannes berührte es kaum.

Adams.

Dann zauderte er einen Moment, reglos.

»Wenn Sie die Namen der anderen Gäste erfahren wollen, können Sie mich fragen. Es ist schließlich kein Geheimnis.«

Adams blickte von dem Buch auf und lächelte.

»Dira ist ein schöner Name.«

Das Mädchen war sprachlos. Instinktiv warf sie einen Blick in das Buch.

»Da steht mein Name doch gar nicht.«

»Da nicht.«

Es war höchstens zehn Jahre alt, dieses Kind. Aber wenn es wollte, konnte es auch tausend Jahre älter sein. Es heftete die Augen geradewegs in die von Adams, und was es dann sagte, sagte es mit einer Stimme, die so schneidend war, daß sie zu einer Frau passen würde, die gar nicht da war.

»Adams ist nicht Ihr richtiger Name.«

»Nein?«

»Nein.«

»Und woher wollen Sie das wissen?«

»Auch ich kann lesen.«

Adams lächelte. Er bückte sich, nahm sein Gepäck und ging zu seinem Zimmer.

»Die dritte Tür links«, rief ihm eine Stimme nach, die jetzt wieder eine Kinderstimme war.

96

Es gab keine Schlüssel. Er öffnete die Tür und trat ein. Nicht, daß er wer weiß was erwartet hätte. Zumindest aber hatte er erwartet, das Zimmer leer vorzufinden.

»Oh, verzeihen Sie«, sagte Pater Pluche, wich vom Fenster zurück und strich instinktiv seinen Anzug glatt.

»Habe ich mich im Zimmer geirrt?«

»Nein, nein... ich bin es, der... Wissen Sie, mein Zimmer liegt oben, im ersten Stock, aber es geht auf die Hügel hinaus, das Meer ist nicht zu sehen: Ich hatte es sicherheitshalber so gewählt.«

»Sicherheitshalber?«

»Lassen wir das, das ist eine lange Geschichte... Jedenfalls wollte ich sehen, welche Sicht man von hier aus hat, aber jetzt will ich nicht weiter stören, ich wäre nie hergekommen, wenn ich gewußt hätte...«

»Bleiben Sie nur, wenn Sie möchten.«

»Nein, ich gehe jetzt. Sie haben sicher eine Menge zu tun, sind Sie gerade erst angekommen?«

Adams stellte sein Gepäck auf den Boden.

»Wie dumm von mir, natürlich sind Sie gerade erst angekommen... na gut, also, ich gehe dann. Ach so... ich heiße Pluche, Pater Pluche.«

Adams nickte zustimmend.

»Pater Pluche.«

»Richtig.«

»Auf bald, Pater Pluche.«

»Ja, auf bald.«

Er verzog sich in Richtung Tür und ging hinaus. Als er an der Rezeption – wenn wir sie so nennen wollen – vorbeikam, fühlte er sich verpflichtet zu brummeln:

»Ich wußte ja nicht, daß jemand ankommen würde, ich wollte nur sehen, wie die Sicht aufs Meer ist…«

»Das macht doch nichts, Pater Pluche.«

Er war schon fast draußen, als er plötzlich stehenblieb, umkehrte, sich leicht über die Theke beugte und Dira leise fragte:

»Ob er Arzt ist, was meinen Sie?«

»Wer?«

»Er.«

»Fragen Sie ihn doch.«

»Das scheint mir keiner zu sein, der darauf brennt, sich Fragen anzuhören. Er hat mir nicht einmal gesagt, wie er heißt.«

Dira zögerte etwas.

»Adams.«

»Adams und nichts weiter?«

»Adams und nichts weiter.«

»Aha.«

Er wäre jetzt gegangen, wenn er nicht noch etwas zu sagen gehabt hätte.

Und das sagte er noch etwas leiser:

»Seine Augen… Er hat Augen wie ein jagendes Tier.«

Jetzt war er wirklich fertig.

Ann Deverià, die in ihrem violetten Mantel am Ufer entlangspaziert. Neben ihr ein junges Mädchen namens Elisewin mit ihrem weißen Schirmchen. Sechzehn Jahre alt ist sie. Womöglich wird sie sterben, vielleicht aber auch leben. Wer weiß. Ann Deverià spricht, ohne die Augen von dem Nichts, das vor ihr liegt, abzuwenden. *Vor ihr*, in vielerlei Hinsicht.

»Mein Vater wollte nicht sterben. Er wurde immer älter, starb aber nicht. Die Krankheiten zehrten an ihm, aber er klammerte sich unbeirrt ans Leben. Zum Schluß verließ er nicht einmal mehr sein Zimmer. Mit allem mußte man ihn versorgen. Jahre ging es so. Er hatte sich in einer Art Trutzburg verschanzt, die er sich im verborgensten Winkel seiner selbst aufgebaut hatte und die nur ihm gehörte. Er verzichtete auf alles, hielt aber wild entschlossen an den einzigen zwei Dingen fest, die ihm wirklich etwas bedeuteten: schreiben und hassen. Er schrieb mühsam mit der einen Hand, die er noch bewegen konnte. Und haßte mit den Augen. Sprechen, das tat er nicht mehr, bis zum Schluß nicht. Er schrieb, und er haßte. Als er starb – denn schließlich starb er dann doch –, nahm meine Mutter seine bekritzelten Blätter – es waren an die hundert – und las sie eines nach dem anderen. Es standen die Namen aller darin, die er gekannt hatte, alle nacheinander aufgelistet. Und neben jedem die minutiöse Beschreibung eines grauenvollen Todes. Ich habe sie nicht gelesen, diese Blätter. Aber die Augen – diese Augen, die bis zum Schluß in jeder Minute eines jeden Tages voller Haß waren, die hatte ich gesehen. Und wie ich sie gesehen hatte. Meinen Mann habe ich geheiratet, weil er gute Augen hatte. Das war das einzige, was mir wichtig war. Er hatte gute Augen.

Nun, das Leben verläuft nicht so, wie du es dir vorstellst. Es geht seinen Weg. Und du deinen. Und das ist nicht derselbe Weg. So ist das. Es ist nicht so, daß ich unbedingt glücklich sein wollte, das nicht gerade. Ich wollte ... mich retten, ja: mich retten. Aber ich habe erst spät begriffen, auf welche Seite man sich schlagen muß:

auf die Seite der Sehnsüchte. Man erwartet eigentlich, daß es andere Dinge sind, durch die Menschen gerettet werden können: Pflichterfüllung, Ehrlichkeit, gut sein, gerecht sein. Nein. Es sind die Sehnsüchte, die einen erretten. Sie sind das einzig Wahre. Bist du auf ihrer Seite, wirst du dich retten. Aber als ich das begriff, war es schon zu spät. Wenn du dem Leben Zeit läßt, nimmt es eine eigenartige, unvermeidliche Wendung; und du stellst fest, daß du dich an dem Punkt nicht nach etwas sehnen kannst, ohne dir selbst weh zu tun. An dem Punkt scheitert alles, du kannst dem nicht entgehen, je mehr du um dich schlägst, desto mehr verfängst du dich in dem Netz, je heftiger du aufbegehrst, desto mehr verletzt du dich. Es gibt kein Entrinnen. Erst als es schon zu spät war, habe ich angefangen, mich zu sehnen. Mit der ganzen Kraft, die ich besaß. Ich habe mir so sehr weh getan, wie du es nicht einmal erahnen kannst.

Weißt du, was schön ist, hier? Schau: wir gehen und lassen alle diese Abdrücke im Sand zurück, und sie bleiben bestehen, ganz deutlich und ordentlich. Aber wenn du morgen aufstehst, wirst du auf diesen großen Strand schauen, und nichts wird mehr da sein, kein Abdruck, kein anderes Zeichen, gar nichts. Das Meer löscht alles aus in der Nacht. Die Flut versteckt alles. Als wäre nie jemand hier entlanggegangen. Als hätten wir nie existiert. Wenn es einen Ort auf der Welt gibt, an dem du meinen könntest, du seiest nichts, dann ist es dieser Ort hier. Nicht mehr Land, noch nicht ganz Meer. Kein unechtes Leben, kein echtes Leben. Es ist die *Zeit*. Zeit, die vergeht. Weiter nichts.

Es wäre

der perfekte Unterschlupf. Für jeden Feind unsichtbar. Schwebend. Weiß wie Plassons Bilder. Unsichtbar auch für dich selbst. Aber etwas fügt diesem Fegefeuer Risse zu. Es ist etwas, dem du nicht entkommen kannst. Das Meer. Das Meer betört, das Meer tötet, es ist anrührend und beängstigend, manchmal ist es zum Lachen, manchmal verschwindet es, und andere Male trägt es die Maske eines Sees, oder es baut Stürme, verschlingt Schiffe, verschenkt Reichtümer, gibt keine Antworten, es ist weise, es ist sanft, es ist mächtig und unberechenbar. Vor allem aber: Das Meer *ruft*. Du wirst es noch herausfinden, Elisewin. Im Grunde genommen macht es nichts anderes als dies: *rufen*. Es hört nie auf, dringt in dich ein, es haftet an dir, es will dich. Du kannst so tun, als ginge es dich nichts an, aber das nützt nichts. Es wird dich immer weiter rufen. Dieses Meer, das du siehst, und all die anderen, die du nie sehen wirst und die es dennoch gibt, die immerfort, einen Schritt jenseits von deinem Leben, geduldig auf der Lauer liegen. Unermüdlich wirst du sie rufen hören. Das ist es, was geschieht in diesem Fegefeuer aus Sand. Es würde in jedem beliebigen Paradies so geschehen und in jeder beliebigen Hölle. Ohne etwas zu erklären, ohne dir zu sagen, wo, wird es immer ein Meer geben, das dich ruft.«

Ann Deverià bricht ab. Sie bückt sich, zieht die Schuhe aus. Sie läßt sie im Sand stehen. Barfuß nimmt sie ihren Gang wieder auf. Elisewin rührt sich nicht von der Stelle. Sie wartet, bis sie sich einige Schritte von ihr entfernt hat. Dann sagt sie, laut genug, um verstanden zu werden:

»In ein paar Tagen werde ich von hier abreisen. Und ich werde *ins* Meer gehen. Dann werde ich gesund. Das ist es, wonach ich mich sehne. Gesund zu werden. Zu leben. Und eines Tages so schön zu sein wie Sie.«

Ann Deverià wendet sich um. Sie lächelt. Sucht nach Worten. Findet sie:

»Nimmst du mich mit?«

Auf Bartlebooms Fensterbrett saßen sie diesmal zu zweit. Der Junge, wie üblich. Und Bartleboom. Ihre Beine baumelten im Leeren. Ihre Augen schweiften über dem Meer.

»Hör mal, Dood…«

Dood hieß er, der Junge.

»Da du ja ständig hier sitzt…«

»Mmmmh.«

»Womöglich weißt du es.«

»Was?«

»Wo hat es seine Augen, ich meine, das Meer?«

»…«

»Es hat doch welche, oder?«

»Ja.«

»Wo zum Teufel sind sie dann?«

»Die Schiffe.«

»Die Schiffe was?«

»Die Schiffe sind die Augen des Meeres.«

Bartleboom saß stumm vor Staunen. Darauf war er nun wirklich nicht gekommen.

»Aber Schiffe gibt es doch zu Hunderten…«

»Es hat ja auch Hunderte von Augen, das Meer. Sie glauben doch wohl nicht im Ernst, daß es mit zweien auskommt.«

In der Tat. Bei der ganzen Arbeit, die da anfällt. Und so groß, wie es ist. Es leuchtet ein, das alles.

»Ja, aber dann, entschuldige mal…«

»Mmmmh.«

»Und die Schiffbrüche? Die Unwetter, die Taifune, alle diese Sachen… Warum sollte es die Schiffe verschlucken, wenn sie seine Augen sind?«

Dood scheint langsam die Geduld zu verlieren. Als er sich Bartleboom zuwendet, sagt er:

»Und Sie… machen Sie etwa nie die Augen zu?«

Mein Gott. Er hat einfach auf alles eine Antwort, dieser Junge.

Bartleboom überlegt. Er überlegt und grübelt und bedenkt und wägt ab. Dann springt er auf einmal mit einem Satz vom Fensterbrett. Zur Zimmerseite hin, versteht sich. Man müßte Flügel haben, um auf der anderen Seite herunterzuspringen.

»Plasson… ich muß Plasson finden… ich muß es ihm sagen… Verflixt, so schwer war das nun auch wieder nicht, man brauchte nur ein wenig darüber nachzudenken…«

Heftig keuchend sucht er nach seiner Wollmütze. Er kann sie nicht finden. Was einleuchtet: Er hat sie auf dem Kopf. Er läßt das Suchen sein. Rennt aus dem Zimmer.

»Bis später, Dood.«

»Bis später.«

Der Junge bleibt, wo er ist, die Augen fest aufs Meer gerichtet. Er bleibt noch eine Weile dort. Dann vergewissert er sich, daß niemand in der Nähe ist und springt mit einem Satz vom Fensterbrett. Zur Strandseite hin, versteht sich.

Eines Morgens wachten sie auf, und nichts war mehr da. Nicht nur ihre Abdrücke im Sand waren verschwunden. Alles war verschwunden. Sozusagen.

Ein unbeschreiblich dichter Nebel.

»Das ist kein Nebel, das sind Wolken.«

Unbeschreiblich dichte Wolken.

»Das sind Meereswolken. Die am Himmel stehen hoch. Die, die vom Meer kommen, liegen tief. Sie kommen nur selten. Dann gehen sie wieder.«

Sie wußte eine Menge, diese Dira.

Sicher, was man sah, wenn man hinausschaute, war beeindruckend. Am Abend vorher war der Himmel noch sternenklar gewesen, märchenhaft. Und jetzt: als stünde man in einer Tasse Milch. Nicht zu reden von der Kälte. Als stünde man in einer Tasse kalter Milch.

»In Carewall ist es genauso.«

Pater Pluche stand wie verzaubert, die Nase an der Fensterscheibe plattgedrückt.

»Er hält sich tagelang. Er bewegt sich um keinen Zentimeter. Das ist Nebel. Richtiger Nebel. Und wenn er kommt, findet man sich nicht mehr zurecht. Die Leute gehen auch tagsüber mit Fackeln in der Hand nach draußen. Um sich zu orientieren. Aber das nützt auch nicht viel. Des Nachts allerdings … kommt es vor, daß man sich überhaupt nicht mehr auskennt. Denken Sie nur, Arlo Crut hat sich eines Abends auf dem Heimweg im Haus geirrt und ist geradewegs im Bett von Metel Crut, seinem Bruder, gelandet. Metel, der wie ein Stein schlief, hat gar nichts bemerkt, aber seine Frau, die hat ihn bemerkt. Den Mann, der zu ihr ins Bett schlüpfte. Unglaublich. Na, und wissen Sie, was sie zu ihm sagte?«

An diesem Punkt fand in Pater Pluches Kopf der übliche Wettstreit statt. Zwei schöne Sätze preschten aus den Startblöcken des Gehirns, ihr Ziel, die Stimme nämlich, mit der sie ins Freie treten wollten, deutlich vor Augen. Der sinnvollere von beiden – man bedenke, daß es sich immerhin um die Stimme eines Geistlichen handelte – war sicher der:

»Tu es, und ich schreie.«

Der aber hatte den Makel, der falsche zu sein. Der andere siegte, der richtige.

»Tu es, oder ich schreie.«

»Pater Pluche.«

»Was habe ich denn gesagt?«

»Was haben Sie denn gesagt?«

»*Ich* habe etwas gesagt?«

Sie hielten sich alle in dem großen, zum Meer gelegenen Gesellschaftszimmer auf, geschützt vor der Überschwemmung der Wolken, aber nicht vor dem unangenehmen Gefühl, nicht recht zu wissen was tun. Die eine Sache ist, nichts zu tun. Die andere, nichts tun zu können. Das ist etwas anderes. Sie kamen sich alle ein bißchen ratlos vor. Wie Fische im Aquarium. Der Unruhigste war Plasson: In Schaftstiefeln und Anglerjacke irrte er nervös umher und spähte durch die Fensterscheiben nach der milchig-weißen Flut, die keinen Millimeter nachgab.

»Es sieht tatsächlich aus, als sei's ein Bild von Ihnen«, bemerkte Ann Deverià, die, tief in einem Korbsessel versunken, das Schauspiel gleichfalls beobachtete, mit erhobener Stimme. »Alles so wunderbar weiß.«

Plasson ging weiter auf und ab. Als hätte er überhaupt nichts gehört.

Bartleboom blickte von seinem Buch auf, in dem er lustlos blätterte.

»Sie sind zu streng, Madame Deverià. Herr Plasson versucht, etwas sehr Schwieriges zu vollbringen. Und seine Bilder sind auch nicht weißer als die Seiten meines Buches hier.«

»Sie schreiben ein Buch?« fragte Elisewin von ihrem Stuhl vor dem großen Kamin aus.

»So etwas Ähnliches wie ein Buch.«

»Hast du gehört, Pater Pluche, Herr Bartleboom schreibt Bücher.«

»Nein, nein, es ist kein richtiges Buch...«

»Eine Enzyklopädie ist es«, enthüllte Ann Deverià.

»Eine Enzyklopädie?«

Das Startzeichen. Manchmal reicht ein Nichts aus, um das große milchige Meer zu vergessen, das einem in der gleichen Zeit Streiche spielt. Manchmal genügt womöglich der heisere Ton eines seltsamen Wortes. Enzyklopädie. Ein einziges Wort nur. Durchgestartet. Alle ohne Ausnahme: Bartleboom, Elisewin, Pater Pluche, Plasson. Und Madame Deverià.

»Bartleboom, spielen Sie nicht den Bescheidenen, erklären Sie der jungen Dame die Sache mit den Grenzen, die der Flüsse und so fort.«

»Es heißt Enzyklopädie der in der Natur anzutreffenden Grenzen...«

»Ein schöner Titel. Im Priesterseminar hatte ich mal einen Lehrer...«

»Lassen Sie ihn aussprechen, Pater Pluche...«

»Seit zwölf Jahren arbeite ich daran. Eine komplizierte Sache... ich erforsche praktisch, bis wohin die Natur vordringen kann, oder besser: wo sie ihr Ende festsetzt. Denn zu einem Ende kommt sie immer, manchmal früher, manchmal später. Das ist wissenschaftlich erwiesen. Beispielsweise...«

»Geben Sie ihr das Beispiel mit den Kopronen.«

»Nun, das ist ein etwas außergewöhnlicher Fall...«

»Haben Sie sie schon gehört, Plasson, die Geschichte mit den Kopronen?«

»Na, hören Sie, liebe Madame Deverià, die Geschichte hat er doch mir erzählt, und Sie haben sie wiederum von mir erfahren.«

»Alle Achtung, das war ja ein ganz langer Satz, Plasson, meine Hochachtung, Sie machen Fortschritte.«

»Was hat es denn nun mit diesen Kopronen auf sich?«

»Kopronen leben in den Eisbergen im Norden. Es sind – auf ihre Art– perfekte Tiere. Sie altern praktisch nicht. Wenn sie wollten, könnten sie ewig leben.«

»Grauenhaft.«

»Doch Achtung. Die Natur überwacht alles, nichts entgeht ihr. Und so geschieht nun folgendes: An einem gewissen Punkt, wenn sie so um die Siebzig, Achtzig sind, hören die Kopronen einfach auf zu fressen.«

»Nein.«

»Doch. Sie hören einfach auf zu fressen. Sie leben dann durchschnittlich noch weitere drei Jahre in dem Zustand. Dann sterben sie.«

»Drei Jahre, ohne zu fressen?«

»Durchschnittlich. Manche halten auch länger durch. Aber zum Schluß, und das ist das Ausschlaggebende, sterben sie. Das ist wissenschaftlich erwiesen.«

»Aber das ist ja Selbstmord!«

»In einem gewissen Sinne.«

»Und Ihrer Ansicht nach sollen wir Ihnen das glauben, Bartleboom?«

»Sehen Sie hier, ich habe auch eine Zeichnung... die Zeichnung eines Kopronen...«

»Zum Teufel, Bartleboom, Sie hatten recht, Sie zeichnen wirklich miserabel, ich habe wahrhaftig noch nie eine so miserable Zeichnung... (stopp).«

»Die ist nicht von mir... Das war der Seemann, der mir die Geschichte erzählt hat, der hat es gezeichnet...«

»Ein Seemann?«

»Die ganze Geschichte haben Sie von einem Seemann?«

»Ja, wieso?«

»Oh, mein Kompliment, Bartleboom, wahrhaft wissenschaftlich erwiesen...«

»Ich glaube Ihnen.«

»Danke, Fräulein Elisewin.«

»Ich glaube Ihnen, und Pater Pluche auch, nicht wahr?«

»Sicher... eine absolut wahrscheinliche Geschichte, im Gegenteil, wenn ich genau darüber nachdenke, hatte ich sie sogar schon einmal gehört, das muß im Priesterseminar gewesen sein...«

»Man lernt ja wirklich eine Menge Dinge in diesen Seminaren... Gibt es auch welche für Damen?«

»Jetzt, da ich darüber nachdenke, Plasson, könnten Sie vielleicht die Illustrationen der Enzyklopädie für mich machen, das wäre doch wunderbar, nicht?«

»Müßte ich dann Kopronen zeichnen?«

»Na ja, abgesehen von den Kopronen gibt es noch eine Menge anderer Sachen... ich habe unter 872 Stichworten geschrieben, Sie könnten sich die aussuchen, die Sie bevorzugen ...«

»872?«

»Finden Sie nicht auch, Madame Deverià, daß das ein guter Einfall ist?«

»Beim Stichwort *Meer* könnte man gegebenenfalls auf eine Illustration verzichten ...«

»Pater Pluche hat die Zeichnungen in seinem Buch selbst gemacht.«

»Elisewin, laß das.«

»Stimmt doch.«

»Jetzt sagen Sie bloß nicht, daß wir noch einen Wissenschaftler haben ...«

»Es ist ein wunderschönes Buch.«

»Wirklich, Pater Pluche, Sie schreiben auch?«

»Aber nein, es handelt sich um etwas ... anderes, nicht wirklich um ein Buch.«

»Wohl, es ist ein Buch.«

»Elisewin ...«

»Er zeigt es nie jemandem, aber es ist wunderschön.«

»Ich vermute, es sind Gedichte.«

»Nicht ganz.«

»Aber Sie sind schon nahe dran.«

»Lieder?«

»Nein.«

»Los, Pater Pluche, lassen Sie sich nicht so lange bitten ...«

»Also, genau das ...«

»Genau was?«

»Nein, ich meine, apropos bitten ...«

»Jetzt sagen Sie nicht ...«

»Gebete, es handelt sich um Gebete.«

»Gebete?«

»Ach du liebe Zeit.«

»Aber sie sind nicht wie die anderen, die Gebete von Pater Pluche.«

»Ich halte das für einen ausgezeichneten Einfall. Ich habe immer schon bedauert, daß es an einem schönen Gebetbuch mangelt.«

»Bartleboom, ein Wissenschaftler sollte nicht *beten*, ein richtiger Wissenschaftler sollte nicht einmal daran denken zu… (stopp).«

»Im Gegenteil! Gerade, weil wir die Natur erforschen und die Natur nichts anderes ist als der Spiegel…«

»Er hat auch ein sehr schönes über einen Arzt geschrieben. Das ist doch auch ein Wissenschaftler, oder?«

»Was soll das heißen, *über* einen Arzt?«

»Es heißt *Gebet eines Arztes, der einen Kranken rettet und sich in dem Augenblick, in dem jener geheilt aufsteht, unendlich müde fühlt.*«

»Wie bitte?«

»Das ist doch kein Name für ein Gebet.«

»Ich habe doch gesagt, daß Pater Pluches Gebete nicht wie die anderen sind.«

»Aber sind sie denn alle so überschrieben?«

»Einige Überschriften habe ich kürzer gefaßt, aber dies ist doch der Grundgedanke.«

»Nennen Sie uns noch ein paar andere, Pater Pluche…«

»Aha, jetzt interessieren Sie sich auf einmal für Gebete, was, Plasson?«

»Ich weiß nicht… Es gibt das *Gebet für ein Kind, das das ›R‹ nicht rollen kann*, oder beispielsweise das *Gebet eines Mannes, der in eine Schlucht fällt und nicht sterben will ...*«

»Das kann nicht wahr sein ...«

»Na ja, dieses ist zwangsläufig sehr kurz, wenige Wörter nur ... oder das *Gebet eines Alten, dem die Hände zittern*, so etwas eben ...«

»Aber das ist ja außerordentlich!«

»Und wie viele haben Sie schon geschrieben?«

»Schon einige ... sie sind nicht leicht zu schreiben, manchmal möchte man gern, aber wenn die Inspiration fehlt ...«

»Aber so in etwa, wie viele?«

»Bis jetzt ... sind es 9502.«

»Nein ...«

»Aber das ist ja Wahnsinn ...«

»Zum Teufel, Bartleboom, im Vergleich dazu ist Ihre Enzyklopädie nur ein Merkheftchen.«

»Wie machen Sie das bloß, Pater Pluche?«

»Ich weiß nicht.«

»Gestern hat er ein wunderschönes geschrieben.«

»Elisewin ...«

»Wirklich.«

»Elisewin, bitte ...«

»Gestern abend hat er eines über Sie geschrieben.«

Alle verstummen plötzlich.

Gestern abend hat er eines über Sie geschrieben.

Während sie das aussprach, sah sie keinen von ihnen an.

Gestern abend hat er eines über Sie geschrieben.

Sie schaute anderswohin, als sie es aussprach, und dahin drehen sich jetzt alle überrascht um.

Ein Tisch neben der gläsernen Eingangstür. Am Tisch saß ein Mann, eine erloschene Pfeife in der Hand. Adams. Keiner weiß, seit wann er da ist. Womöglich war er eine Sekunde zuvor erst gekommen, womöglich ist er immer schon da.

»Gestern abend hat er eines über Sie geschrieben.«

Alle verharren reglos. Nur Elisewin steht auf und geht auf ihn zu.

»Es heißt *Gebet eines Mannes, der seinen Namen nicht nennen will*.«

Aber mit Zartheit. Sie sagt es mit Zartheit.

»Pater Pluche glaubt, Sie seien Arzt.«

Adams lächelt.

»Nur manchmal.«

»Ich glaube aber, Sie sind Seemann.«

Still, die anderen alle. Versteinert. Aber sie verpassen kein Wort, kein einziges.

»Nur manchmal.«

»Und was sind Sie hier, heute?«

Adams schüttelt den Kopf.

»Nur jemand, der wartet.«

Elisewin steht aufrecht vor ihm.

Sie hat eine präzise, ganz einfache Frage im Sinn:

»*Worauf* warten Sie?«

Drei Wörter nur. Aber sie kann sie nicht ausprechen, weil einen Augenblick zuvor eine Stimme in ihrem Kopf ihr zuflüstert:

Frag mich nicht, Elisewin, frag mich nicht, ich bitte dich.

So bleibt sie regungslos vor ihm stehen, ohne etwas zu sagen, die Augen fest in die von Adams geheftet, die stumm wie Steine sind.

Stille.

Dann blickt Adams über sie hinweg und sagt:

»Die Sonne scheint ganz herrlich heute.«

Jenseits der Fensterscheiben haben sich alle Wolken klaglos aufgelöst, und die klare, blendende Luft läutet den aus dem Nichts auferstandenen Tag ein.

Strand. Und Meer.

Licht.

Der Nordwind.

Die Stille der Gezeiten.

Tage. Nächte.

Eine Liturgie. Eine versteinerte, wenn man genau hinschaut. *Versteinert*.

Personen wie die Gesten einer Zeremonie.

Etwas anderes als *Menschen*.

Gesten.

Die schleichende alltägliche Zeremonie saugt sie auf, verwandelt sie in Sauerstoff, zu einem engelhaften *sur-place*.

Die perfekte Küstenlandschaft setzt sie im Stoffwechsel um, verwandelt sie in Figuren für seidene Fächer.

Mit jedem Tag unverwandelbarer.

Einen Schritt weit vom Meer aufgestellt, entstehen sie und vergehen gleichzeitig, und in den Hohlräumen einer eleganten Leere erhalten sie den Trost einer vorübergehenden Nichtexistenz.

Auf diesem Trompe-l'œil der Seele schaukelt das silberhelle Klingen ihrer Worte als einzige wahrnehmbare Kräuselung in der Ruhe des unbenennbaren Zaubers.

»Sie glauben wohl, ich sei verrückt?«

»Nein.«

Bartleboom hat ihr die ganze Geschichte erzählt. Die Briefe, die Mahagonikassette, die Frau, die auf ihn wartet. Alles.

»Ich habe es noch nie jemandem erzählt.«

Stille. Abend. Ann Deverià. Die Haare gelöst. Ein bis auf die Füße reichendes langes weißes Nachthemd. Ihr Zimmer. Der Widerschein des Lichts auf den Wänden.

»Warum dann mir, Bartleboom?«

Er traktiert den Saum seines Jacketts, der Herr Professor. Es fällt ihm nicht leicht. Überhaupt nicht leicht.

»Weil ich möchte, daß Sie mir helfen.«

»Ich?«

»Sie.«

Es ist nun einmal so, daß manch einer sich großartige Geschichten aufbaut und womöglich jahrelang daran festhält, ganz gleich, wie verrückt und unwahrscheinlich sie auch sein mögen, er hält daran fest und Schluß. Und ist auch noch glücklich dabei. *Glücklich*. Es könnte immer so weitergehen. Dann, eines schönen Tages, zack, zerbricht etwas im Herzen des großartigen Phantasiegebildes, grundlos und unvermittelt zerbricht es, und du stehst da, ohne zu begreifen, wieso du diese ganze wunderbare Geschichte plötzlich nicht mehr in dir hast, sondern *vor* dir, als sei es die Verrücktheit eines anderen, und dieser andere bist du selbst. Zack. Manchmal genügt ein Nichts. Etwa eine Frage, die auftaucht. Das reicht schon aus.

»Madame Deverià, wie kann ich es anstellen, daß ich sie erkenne, die Frau, *meine* Frau, wenn ich ihr begegne?«

Wenn zum Beispiel eine derartige elementare Frage auftaucht aus den unterirdischen Höhlen, in denen man sie vergraben hatte. So etwas reicht schon aus.

»Woran werde ich sie erkennen, wenn ich ihr begegne?«

Eben.

»Haben Sie sich denn in all den Jahren diese Frage nie gestellt?«

»Nein. Ich wußte, daß ich sie erkennen würde, das ist alles. Aber jetzt habe ich Angst. Ich habe Angst, nicht imstande zu sein, zu verstehen, und dann wird sie vorübergehen. Und ich werde sie verlieren.«

Er hat wahrhaftig die ganze Pein der Welt am Hals, der Professor Bartleboom.

»Erklären Sie mir, Madame Deverià, woran ich sie erkennen kann, wenn ich ihr begegne.«

Elisewin schläft im Licht einer Kerze und eines Mädchens. Und Pater Pluche unter seinen Gebeten und Plasson im Weiß seiner Bilder. Womöglich schläft sogar Adams, das jagende Tier. Die Pension Almayer schläft, geschaukelt vom Ozean Meer.

»Schließen Sie die Augen, Bartleboom, und reichen Sie mir Ihre Hände.«

Bartleboom gehorcht. Und sofort spürt er unter seinen Händen das Gesicht der Frau und ihre Lippen, die mit seinen Fingern spielen, dann den schlanken Hals und das Öffnen der Bluse, ihre Hände, die die seinen über ihre warme und samtweiche Haut führen und sie an sich pressen, um die Geheimnisse dieses unbekannten Körpers zu erspüren, ihre Wärme an sich zu ziehen, wieder zu den Schultern hinauf zu streichen, in die Haare und wieder auf die Lippen, auf denen seine Finger hin und her gleiten, so lange, bis eine Stimme sie festhält und in die Stille hinein schreibt:

»Schauen Sie mich an, Bartleboom.«

Das Nachthemd ist ihr in den Schoß gerutscht. Ihre Augen lächeln ohne jede Verlegenheit.

»Eines Tages werden Sie eine Frau sehen und all das spüren, ohne sie auch nur im geringsten zu berühren. Geben Sie ihr Ihre Briefe. Für sie haben Sie sie geschrieben.«

Tausend Dinge rauschen durch Bartlebooms Kopf, als er die Hände zurückzieht, sie aber weiter geöffnet hält, als würde alles vorübergehen, wenn er sie schlösse.

Als er das Zimmer verließ, war er dermaßen durcheinander, daß ihm schien, im Halbdunkel die unwirkliche Gestalt eines wunderschönen Kindes wahrzunehmen, das am Fußende des Bettes eng an ein großes Kissen geschmiegt dalag. Unbekleidet. Die Haut so weiß wie eine Meereswolke.

»Wann willst du abfahren, Elisewin?« fragte Pater Pluche.

»Und du?«

»Ich will überhaupt nichts. Aber früher oder später einmal müssen wir nach Daschenbach. Dort sollst du dich behandeln lassen. Dies hier... hier ist nicht der richtige Ort, um gesund zu werden.«

»Warum sagst du so was?«

»Dieser Ort hat etwas... *Krankhaftes* an sich. Bemerkst du es nicht? Die weißen Bilder des Malers, die unaufhörlichen Messungen von Professor Bartleboom... und dann diese Frau, die zwar sehr schön ist, aber auch unglücklich und einsam, ich weiß nicht... gar nicht zu reden von dem Mann, der hier *wartet*... alles, was er tut, ist warten, weiß der Himmel auf was oder wen... Es steht alles... alles steht still, einen Schritt nur diesseits der Dinge. Es gibt nichts *Wirkliches* hier, verstehst du das?«

Elisewin schweigt und denkt nach.

»Und damit nicht genug. Weißt du, was ich entdeckt habe? Es gibt noch einen Gast hier in der Pension. Im siebten Zimmer, in dem niemand zu wohnen scheint. Nun, es ist nicht unbewohnt. Da ist ein Mann drin. Aber er kommt nie heraus. Dira wollte mir nicht sagen, wer es ist. Keiner von den anderen hat ihn je zu Gesicht bekommen. Das Essen wird ihm aufs Zimmer gebracht. Scheint dir das etwa normal?«

Elisewin schweigt.

»Was ist denn das für ein Ort, wo Menschen zwar anwesend, aber unsichtbar sind oder ständig hin und her laufen, als hätten sie noch eine Ewigkeit vor sich, um...«

»Das, Pater Pluche, ist die Meeresküste. Weder Land noch Meer. Es ist ein Ort, den es nicht gibt.«

Elisewin steht auf. Sie lächelt.

»Es ist eine Welt der Engel.«

Im Hinausgehen bleibt sie noch einmal stehen.

»Wir werden abfahren, Pater Pluche. Ein paar Tage noch, dann fahren wir ab.«

»Also, Dol, hör gut zu. Du mußt das Meer beobachten... Und wenn du ein Schiff siehst, sagst du mir Bescheid. Verstanden?«

»Ja, Herr Plasson.«

»Ausgezeichnet.«

Nun ist es so, daß Plasson nicht besonders gut sieht. Er sieht nah, aber er kann nicht weit sehen. Er behauptet, er hätte zuviel Zeit damit verbracht, Gesichter von reichen Leuten anzusehen. Das macht die Augen kaputt. Von allem anderen gar nicht zu reden. So kommt es, daß er Schiffe sucht und keine findet. Vielleicht findet Dol welche.

»Das kommt, weil sie weit draußen vorbeifahren, die Schiffe, Herr Plasson.«

»Und wieso?«

»Sie haben Angst vor den Fußstapfen des Teufels.«

»Was soll das heißen?«

»Felsen. Die ganze Küste entlang hier vor uns gibt es Felsen. Sie liegen unter der Meeresoberfläche, und man bekommt sie nicht immer zu sehen. Deshalb fahren die Schiffe weit draußen vorbei.«

»Felsen, die haben mir gerade noch gefehlt.«

»Der Teufel hat sie dahin gestellt.«

»Ja, Dol.«

»Wirklich! Wissen Sie, der Teufel wohnte da hinten, auf der Insel Taby. Nun, eines Tages nahm ein Mädchen, eine Heilige, ein Boot und ruderte drei Tage und drei Nächte, bis sie zu ebendieser Insel kam. Sie war wunderschön.«

»Die Insel oder die Heilige?«

»Das Mädchen.«

»Aha.«

»Sie war so schön, daß der Teufel, als er sie sah, zu Tode erschrak. Er versuchte, sie zu verscheuchen, aber sie bewegte sich um keinen Millimeter. Sie stand einfach da und sah ihn an. Bis es der Teufel eines Tages einfach nicht mehr dagegen aushaltete…«

»Aushielt.«

»Er hielt es einfach nicht mehr aus, fing an zu schreien und zu rennen, er rannte ins Meer hinein, bis er verschwand, und niemand hat ihn mehr gesehen.«

»Und was haben die Felsen damit zu tun?«

»Sie haben damit zu tun, weil bei jedem Schritt, den der Teufel beim Weglaufen machte, ein Felsen aus dem Meer kam. Überall, wo er einen Fuß hinsetzte, zack, kam ein Felsen hervor. Und jetzt sind sie immer noch da. Das sind die Fußstapfen des Teufels.«

»Schöne Geschichte.«

»Ja.«

»Nichts zu sehen?«

»Nein.«

Schweigen.

»Bleiben wir eigentlich den ganzen Tag hier?«

»Ja.«

Schweigen.

»Es gefiel mir aber besser, als ich Sie am Abend mit dem Boot abholen kam.«

»Laß dich nicht ablenken, Dol.«

»Sie könnten ihnen ein Gedicht widmen, Pater Pluche.«

»Sie meinen, Möwen beten?«

»Ganz gewiß. Besonders, wenn sie im Sterben liegen.«

»Und Sie, Bartleboom, beten Sie nie?«

Bartleboom rückt die Wollmütze auf seinem Kopf zurecht.

»Früher einmal habe ich gebetet. Dann habe ich das überdacht. In acht Jahren habe ich mir erlaubt, den Allmächtigen um zwei Dinge zu bitten. Ergebnis: Meine

Schwester ist gestorben, und der Frau, die ich heiraten werde, bin ich noch nicht begegnet. Seitdem bete ich viel seltener.«

»Ich glaube nicht, daß...«

»Die Zahlen sprechen eine klare Sprache, Pater Pluche. Der Rest ist Dichtung.«

»Genau. Hätten wir nur ein bißchen mehr...«

»Machen Sie die Dinge nicht so kompliziert, Pater Pluche. Die Sache ist ganz einfach. Glauben Sie im Ernst, daß Gott existiert?«

»Nun ja, *existieren* scheint mir ein etwas übertriebener Ausdruck zu sein, aber ich glaube, daß es ihn gibt, das ja, auf eine ihm eigene Weise, glaube ich, *gibt es* ihn.«

»Was macht das für einen Unterschied?«

»Das macht einen Unterschied, Bartleboom, und was für einen. Nehmen Sie nur die Geschichte des siebten Zimmers... ja, die Geschichte mit dem Mann in der Pension, der sein Zimmer niemals verläßt und so weiter, ja?«

»Na und?«

»Niemand hat ihn je zu Gesicht bekommen. Er ißt, wie es scheint. Aber das könnte auch nur ein Trick sein. Es könnte auch sein, daß er gar nicht existiert. Eine Erfindung von Dira. Aber für uns *gäbe es* ihn trotzdem. Abends geht in dem Zimmer das Licht an, hin und wieder hört man Geräusche, ich habe doch selbst beobachtet, daß Sie immer langsamer gehen, wenn Sie da vorbeikommen und versuchen, etwas zu sehen und zu hören... Für uns *gibt es* diesen Mann.«

»Aber das stimmt doch gar nicht, und außerdem ist das ein Verrückter, ein...«

»Es ist kein Verrückter, Bartleboom. Dira sagt, er ist

ein Gentleman, ein richtiger Herr. Sie sagt, er trägt ein Geheimnis mit sich herum, das ist alles, aber es ist ein ganz normaler Mensch.«

»Und das glauben Sie?«

»Ich weiß nicht, wer er ist, ich weiß nicht, ob er *existiert*, ich weiß nur, daß es *ihn gibt*. Für mich gibt es ihn. Und es ist ein Mensch, der Angst hat.«

»Angst?«

Bartleboom wackelt mit dem Kopf.

»Und wovor?«

»Gehen Sie nicht zum Strand?«

»Nein.«

»Sie gehen nicht spazieren, Sie schreiben nicht, sie malen keine Bilder, Sie sprechen nicht, Sie stellen keine Fragen. Sie warten, nicht wahr?«

»Ja.«

»Und warum? Warum tun Sie nicht, was Sie tun müssen, und Schluß damit?«

Adams blickt zu dem Kind auf, das, wenn es will, mit der Stimme einer Frau spricht, und in diesem Moment will es.

»An tausend unterschiedlichen Orten der Welt habe ich Pensionen wie diese gesehen. Oder auch: ich habe diese Pension an tausend verschiedenen Orten der Welt gesehen. Die gleiche Einsamkeit, die gleichen Düfte, die gleiche Stille. Die Menschen kommen dorthin, und die Zeit bleibt stehen. Für manch einen muß es ein Glücksgefühl sein, nicht wahr?«

»Für manch einen.«

»Wenn ich die Zeit zurückdrehen könnte, würde ich dieses wählen: direkt *vor* dem Meer leben.«

Schweigen.

»Direkt davor.«

Schweigen.

»Adams.«

Schweigen.

»Hören Sie auf zu warten. So schwer ist es nun auch wieder nicht, jemanden zu töten.«

»Werde ich deiner Ansicht nach da unten sterben?«

»In Daschenbach?«

»Wenn ich ins Meer gesteckt werde.«

»Ach was …«

»Los, sag mir die Wahrheit, Pater Pluche, ohne Scherz.«

»Du wirst nicht sterben, ich schwör's dir, du wirst nicht sterben.«

»Und wieso weißt du das?«

»Ich weiß es.«

»Uff.«

»Ich hab's geträumt.«

»Geträumt …«

»Also hör zu. Eines Abends will ich schlafen gehen, schlüpfe unter die Decke, und als ich gerade das Licht löschen will, sehe ich, wie die Tür aufgeht und ein Junge hereinkommt. Ich dachte, es sei ein Kellner oder so was. Aber er kommt auf mich zu und sagt zu mir: ›Gibt es etwas, wovon Sie heute nacht gern träumen möchten, Pater Pluche?‹ Einfach so. Und ich sage: ›Von der Komtesse Varmeer beim Baden.‹«

»Pater Pluche …«

»Das war doch ein Scherz, klar? Nun gut, er sagt

nichts, lächelt ein bißchen und geht raus. Ich schlafe ein, und wovon träume ich?«

»Von der Komtesse Varmeer beim Baden.«

»Richtig.«

»Und? Wie war sie?«

»Ach, nicht der Rede wert, eine Enttäuschung...«

»Häßlich?«

»Eine, die gar keine so gute Figur hat, wie es auf den ersten Blick aussieht, eine Enttäuschung... Jedenfalls... kommt der Junge jeden Abend zu mir. Er heißt Ditz. Und jedesmal fragt er mich, ob ich etwas träumen möchte. Also habe ich vorgestern zu ihm gesagt: ›Ich will von Elisewin träumen. Ich will von ihr als Erwachsener träumen.‹ Ich bin eingeschlafen und habe von dir geträumt.«

»Und wie war ich?«

»*Lebendig.*«

»Lebendig? Und sonst?«

»Lebendig. Frag nicht weiter. Du warst lebendig.«

»Ich... lebendig?«

Ann Deverià und Bartleboom nebeneinander in einem an Land gezogenen Boot sitzend.

»Und was haben Sie ihm geantwortet?« fragt Bartleboom.

»Ich habe ihm nicht geantwortet.«

»Nein?«

»Nein.«

»Und wie soll es jetzt weitergehen?«

»Ich weiß nicht. Ich glaube, daß er hierherkommen wird.«

»Sind Sie glücklich darüber?«

»Ich sehne mich nach ihm. Aber ich weiß nicht.«

»Womöglich kommt er hierher und nimmt Sie für immer mit.«

»Reden Sie keinen Schwachsinn, Bartleboom.«

»Und warum nicht? Er liebt Sie, das haben Sie selbst gesagt, Sie sind alles, was er im Leben hat...«

Der Liebhaber von Ann Deverià hat endlich herausbekommen, wohin deren Ehemann sie verbannt hat. Er hat ihr geschrieben. Womöglich ist er in dieser Minute schon auf dem Weg zum Meer und zum Strand.

»Ich würde hierherkommen und Sie mit mir fortnehmen, für immer.«

Ann Deverià lächelt.

»Sagen Sie mir das noch einmal, Bartleboom. In genau demselben Ton, ich bitte Sie. Sagen Sie mir das noch einmal.«

»Dahinten... dahinten ist es!«

»Wo dahinten?«

»Da... nein, mehr rechts, da, da ist es doch.«

»Ich seh's! Bei Gott, ich seh's.«

»Drei Masten!«

»Drei Masten?«

»Es ist ein Dreimaster, sehen Sie das nicht?«

»Drei?«

»Plasson, seit wann sind wir eigentlich hier?«

»Schon immer, Madame.«

»Nein, ich frage im Ernst.«

»Schon immer, Madame. Im Ernst.«

»Meiner Ansicht nach ist er Gärtner.«

»Wieso?«

»Er kennt die Namen der Bäume.«

»Woher wissen Sie das, Elisewin?«

»Ich muß schon sagen, die Sache mit dem siebten Zimmer behagt mir ganz und gar nicht.«

»Was stört Sie daran?«

»Ein Mann, der sich nicht zeigt, macht mir angst.«

»Pater Pluche sagt, daß er es ist, der Angst hat.«

»Und vor was?«

»Manchmal frage ich mich, auf was wir eigentlich warten.«

Schweigen.

»Daß es zu spät ist, Madame.«

Es hätte ewig so weitergehen können.

Zweites Buch

Der Leib des Meeres

Vierzehn Tage nach dem Auslaufen in Rochefort strandete die Fregatte der französischen Marine *Alliance* wegen der Unerfahrenheit des Kommandanten und der Ungenauigkeit der Seekarten weit draußen vor der Küste Senegals auf einer Sandbank. Alle Versuche, das Schiff frei zu bekommen, scheiterten. Es blieb nichts anderes übrig, als es zu verlassen. Da die Rettungsboote nicht ausreichten, um die gesamte Besatzung aufzunehmen, wurde ein etwa vierzig Fuß langes und halb so breites Floß gebaut und zu Wasser gelassen. 147 Männer wurden auf diesem Floß ausgesetzt: Soldaten, Seeleute, ein paar Passagiere, vier Offiziere, ein Arzt und ein Ingenieur, der Kartograph war. Der Evakuierungsplan des Schiffes sah vor, daß die vier vorhandenen Rettungsboote das Floß ans Ufer schleppen sollten. Kurz nach dem Verlassen des Wracks der *Alliance* brachen jedoch Panik und Chaos aus und bemächtigte sich des Konvois, der versuchte, vorsichtig die Küste zu erreichen. Aus Niedertracht oder Unfähigkeit – niemand konnte je die Wahrheit feststellen – verloren die Rettungsboote die Verbindung mit dem Floß. Das Schleppseil riß. Oder jemand schnitt es durch. Die Rettungsboote verfolgten weiter ihren Weg in Richtung Festland, und das Floß blieb sich selbst überlassen.

Nicht einmal eine halbe Stunde später war es hinter dem Horizont verschwunden.

Das erste ist mein Name, Savigny.

Das erste ist mein Name, das zweite sind die Augen derer, die uns im Stich gelassen haben – ihre Augen waren in dem Moment starr auf das Floß geheftet, sie brachten es nicht fertig, woandershin zu schauen, aber in ihren Blicken lag gar nichts, absolut nichts, weder Haß noch Mitleid, keine Gewissensbisse, keine Angst, nichts. In ihren Augen.

Das erste ist mein Name, das zweite jene Augen, das dritte ein Gedanke: ich muß sterben ich werde nicht sterben ich muß sterben ich werde nicht sterben ich – das Wasser steht uns bis zu den Knien; das Floß treibt unter der Wasseroberfläche, niedergedrückt vom Gewicht zu vieler Menschen – muß sterben ich werde nicht sterben ich muß sterben ich werde nicht sterben – der Geruch, der Geruch nach Angst, nach Meer und nach Körpern, das knarrende Holz unter meinen Füßen, die Stimmen, die Seile zum Festhalten, meine Kleider, meine Waffen, das Gesicht des Mannes, der – ich muß sterben ich werde nicht sterben ich muß sterben ich werde nicht sterben ich muß sterben – die Wellen ringsumher, nur nicht nachdenken, wo ist Land? Wer bringt uns hin, wer hat das Kommando? Wind, Strömung, Gebete wie Wehklagen, Gebete voller Wut, das Meer, wie es brüllt, die Angst, wie sie

Das erste ist mein

Name, das zweite jene Augen, das dritte ein Gedanke, und das vierte ist die hereinbrechende Nacht, Wolken auf dem Mondlicht, grauenhafte Finsternis, nichts als Lärm, Schreie nämlich und Wehklagen und Flüche, und das Meer steigt und beginnt, das Knäuel von Körpern nach allen Seiten hin zu fegen – es bleibt einem nur, sich festzuhalten, wo man kann, an einem Seil, an den Balken, an irgendeinem Arm, die ganze Nacht, im Wasser, unter Wasser, gäbe es doch nur ein Licht, irgendein Licht, dieses Dunkel ist unendlich und unerträglich das Wehklagen, von dem jeder Augenblick begleitet wird – nur an einen Augenblick, an einen Augenblick erinnere ich mich, als unter dem Hieb einer plötzlichen Welle, einer Wand aus Wasser, unvermittelt Stille herrscht, eine Stille, die das Blut gefrieren läßt, und ich schreie und schreie und schreie,

Das erste ist mein Name, das zweite jene Augen, das dritte ein Gedanke, das vierte die hereinbrechende Nacht, das fünfte die geschundenen Körper, eingeklemmt zwischen den Bohlen des Floßes, ein zerfetzter, von einem Mast aufgespießter Mann, der Mast hat ihm die Brust durchstoßen und hält ihn schwankend im Tanz des Meeres fest; das Tageslicht bringt die in der Dunkelheit vom Meer ermordeten Toten zutage, einen nach dem anderen holen sie sie von ihren Galgen und geben sie dem Meer zurück, das sie sich genommen hatte, Meer von allen Seiten, kein Land, kein Schiff am Horizont, nichts – und in dieser Umgebung von nichts anderem als Kadavern geschieht es, daß ein Mann sich unter all den anderen Platz schafft und sich ohne ein Wort ins Wasser gleiten läßt und zu schwimmen anfängt, *er geht fort,* einfach so. Andere sehen es und folgen ihm, und in Wahrheit schwimmen einige nicht einmal, sie lassen sich ins Meer fallen, ohne sich zu bewegen, und verschwinden – es sieht geradezu *zärtlich* aus – sie umarmen sich, bevor sie sich dem Meer überlassen – Tränen in den Gesichtern von Männern, die niemand erwartet – dann lassen sie sich ins Meer fallen und atmen tief das salzige Wasser ein, bis es in den Lungen alles verbrennt, alles – und niemand hält sie auf, niemand

Das erste ist mein Name, das zweite jene Augen, das dritte ein Gedanke, das vierte die hereinbrechende Nacht, das fünfte die geschundenen Körper, und das sechste ist *Hunger* – Hunger, der im Inneren wächst, in der Kehle beißt und sich auf die Augen legt, fünf Fässer Wein und nur ein Sack Zwieback, sagt Corréard, der Kartograph: Wir können es nicht schaffen – die Männer schauen sich an, beobachten sich, das ist der Moment, in dem sich entscheidet, *wie* gekämpft wird, falls gekämpft wird, sagt Lheureux, der Erste Offizier. Eine Ration für jeden Mann, zwei Glas Wein und einen Zwieback – sie beobachten sich, die Männer, vielleicht ist es das Licht oder das Meer, das unbeteiligt schillert, wie ein Waffenstillstand, oder sind es Lheureux' Worte, die er auf einem Faß stehend laut und deutlich spricht: Wir werden uns retten durch den Haß, den wir nähren gegen jene, die uns im Stich gelassen haben, wir werden zurückkehren und ihnen in die Augen schauen, und sie werden weder schlafen noch leben noch fliehen können vor dem Fluch, der wir für sie sein werden, wir, die am Leben Gebliebenen, und sie, die aufgrund ihrer Schuld täglich neu Gemordeten, auf ewig – vielleicht ist es das stille Licht oder das schillernde Meer: wie ein Waffenstillstand. Jedenfalls schweigen die Männer, und aus Verzweiflung wird Sanftmut, Ordnung und Gelassenheit – sie ziehen einer nach dem anderen an uns vorbei, ihre Hände, unsere Hände, eine Ration pro Mann – geradezu widersinnig, könnte man meinen, im Herzen des Meeres über hundert besiegte, verlorene, besiegte Männer, die sich still, mit übermenschlicher Geduld und übermenschlicher Einsicht, in die Reihe stellen, um zu überleben, eine perfekte Anordnung im ziellosen, chaotischen Leib des Meeres

Das erste ist mein Name, das zweite jene Augen, das dritte ein Gedanke, das vierte die hereinbrechende Nacht, das fünfte die geschundenen Körper, das sechste ist Hunger, und das siebte ist Grauen, das in der Nacht ausbrechende Grauen – wieder Nacht –, das Grauen, die Erbarmungslosigkeit, das Blut, der Tod, der Haß, stinkendes Grauen. Sie haben sich eines Fasses bemächtigt, und der Wein hat sich ihrer bemächtigt. Im Licht des Mondes schlägt ein Mann mit einer Axt auf die Vertäuung des Floßes ein, ein Offizier sucht ihn davon abzuhalten, sie fallen über ihn her und verletzen ihn mit Messerstichen, blutend kommt er zu uns zurück, wir holen die Säbel und Gewehre heraus, das Mondlicht verschwindet hinter den Wolken, es ist schwer, sich zurecht zu finden, der Augenblick nimmt kein Ende, dann schlägt eine unsichtbare Welle von Körpern und Gebrüll und Waffen über uns zusammen, die blinde Verzweiflung, die den sofortigen Tod sucht, damit es ein Ende habe, und der Haß, der einen Feind sucht, um ihn auf der Stelle mit in die Hölle zu reißen – und im kommenden und gehenden Licht, so erinnere ich mich, rennen diese Körper auf unsere Säbel los, Gewehrschüsse bellen, Blut spritzt aus Wunden, Füße rutschen auf den zwischen den Bohlen des Floßes eingedrückten Köpfen aus, und wie sich diese Verzweifelten mit gebrochenen Beinen bis zu einigen von uns schleppen und, nunmehr entwaffnet, uns in die Beine beißen und sich an uns festkrallen, auf den Schuß oder die Klinge wartend, die sie endgültig auslöschen, am Ende – so erinnere ich mich – sterben zwei von uns, regelrecht zerbissen von jener unmenschlichen Bestie, die aus dem Nichts der Nacht aufgetaucht ist, und Dutzende von ihnen, zermalmt, ertränkt, wie sie sich, wie hypnotisiert auf ihre Verstümmelungen starrend, über das Floß schleppen, Heilige anrufen, während sie die Hände in die Wunden der Unseren stecken und ihnen die Gedärme herausreißen – ich erinnere mich –, wie ein Mann sich auf mich stürzt, mir mit den Händen den Hals zudrückt, und während er versucht, mich zu erdrosseln, nicht einen Augenblick aufhört zu wimmern »Gnade, Gnade, Gnade«, ein unsinniges Gebaren, denn mein Leben ist in seinen Händen und das seine auf meiner Säbelspitze, die ihm schließlich in die Seite dringt, dann in den Bauch, dann in die Kehle und dann in den Kopf, der ins Wasser rollt, und dann in das, was übrigbleibt, blutiges Gewirr, eingequetscht zwischen den Bohlen des Floßes, nutzlose Marionette, in der mein Säbel sich besudelt, einmal, zweimal, drei- und vier- und fünfmal

Das erste ist mein Name, das zweite jene Augen, das dritte ein Gedanke, das vierte die hereinbrechende Nacht, das fünfte die geschundenen Körper, das sechste ist Hunger, das siebte Grauen, und das achte sind die Gespenster des Irrsinns, sie blühen auf in einem solchen Gemetzel, auf dem grausamen, von Wellen überspülten Schlachtfeld, Körper allüberall, Körperteile, grünliche und gelbliche Gesichter, geronnenes Blut in pupillenlosen Augen, aufgebrochene Wunden, geplatzte Lippen, wie von der Erde erbrochene Kadaver, rüttelndes Erdbeben der Toten, der Sterbenden, übersät mit Eingeklemmten im Todeskampf das zusammenbrechende Skelett des Floßes, auf dem die Überlebenden – *die Lebenden* – sich herumtreiben, die besitzlosen Toten ausplündern, vor allem aber Irrsinn ausdünsten, jeder auf seine Weise, jeder mit seinen eigenen Gespenstern, dem Verstand abgenötigt vor Hunger, Durst, Angst und Verzweiflung. Gespenster. Alle, die Land, Land! sehen oder Schiffe am Horizont. Sie brüllen, und niemand hört sie. Einer, der dem Admiral einen formellen Protestbrief schreibt und sein Mißfallen zum Ausdruck bringt, die Niedertracht beklagt und offiziell verlangt... Worte, Gebete, Visionen, ein Schwarm fliegender Fische, eine Wolke, die den Rettungsweg weist, Mütter, Brüder, Bräute erscheinen, um Wunden zu säubern, Wasser darzureichen und Liebkosungen; jener, der fieberhaft nach seinem Spiegel sucht, seinem Spiegel, wer hat seinen Spiegel gesehen, gebt mir meinen Spiegel wieder, einen Spiegel, meinen Spiegel; ein Mann segnet die Sterbenden mit Flüchen und Wehgeschrei, und einer spricht mit dem Meer, auf dem Rand des Floßes sitzend spricht er mit leiser Stimme zu ihm, er umwirbt es, würde man sagen, und er hört seine Antworten, das Meer antwortet ihm, ein Zwiegespräch, das letzte; einige fügen sich schließlich seinen hinterlistigen Antworten und lassen sich, endlich überzeugt, ins Wasser gleiten; sie überlassen sich dem großen Freund, der sie mit sich in die Ferne nimmt und verschlingt – während auf dem Floß Léon hin und her hastet, Léon, der Junge, Léon, der Schiffsjunge, Léon ist zwölf Jahre alt und nun vom Irrsinn gepackt, vom Grauen geraubt, und so läuft er hin und her von einem Ende des Floßes zum anderen und schreit rastlos einen einzigen Schrei Mutter meine Mutter meine Mutter meine Mutter meine, Léon mit dem sanften Blick und der samtigen Haut, er rast wie wild geworden umher, Vogel im Käfig, bis er sich selbst umbringt, ihm das Herz oder wer weiß was in seinem Inneren bricht, wer weiß, was ihn so plötzlich zusammensacken läßt mit herausquellenden Augen und einem Krampf in der Brust, der ihn zerreißt und ihn am Ende auf den Boden wirft, wo er regungslos liegen bleibt und von wo ihn Gilberts Arme aufheben – Gilbert, der ihn liebte – und fest umschlingen – Gilbert, der ihn liebte und der ihn jetzt beweint und küßt, untröstlich, es ist sonderbar anzuschauen, da, mittendrin, mitten in der Hölle, das Gesicht des Alten, das sich über die Lippen des Kindes beugt, seltsam anzuschauen diese Küsse, wie kann ich sie vergessen, der ich sie gesehen habe, diese Küsse, ich, ohne Gespenster, ich, den Tod vor Augen, ohne die Gnade irgendeines Gespenstes oder eines sanften Wahnsinns, ich, der ich aufgehört habe, die Tage zu zählen, aber wohl weiß, daß in jeder Nacht die Bestie wieder auftauchen wird, sie muß auftauchen, die Bestie des Grauens, das nächtliche Abschlachten, diese Schlacht, die wir führen, dieser Tod, den wir verbreiten, um nicht zu sterben, wir, die

    Das erste ist mein Name,

das zweite jene Augen, das dritte ein Gedanke, das vierte die hereinbrechende Nacht, das fünfte die geschundenen Körper, das sechste ist Hunger, das siebte Grauen, das achte die Gespenster des Irrsinns und das neunte das abartige Fleisch, Fleisch, Fleisch, das auf den Segelwanten dörrt, blutendes Fleisch, Fleisch, Menschenfleisch in meinen Händen, unter meinen Zähnen, Fleisch von Menschen, die ich gesehen habe, die es gab, Fleisch von lebenden Menschen, die starben, umgebrachte, zerbrochene, irre gewordene Menschen, Fleisch von Armen und Beinen, die ich habe kämpfen sehen, von den Knochen gelöstes Fleisch, Fleisch, das einen Namen hatte und das ich jetzt, wahnsinnig vor Hunger, herunterschlinge, nachdem wir tagelang am Leder unserer Gürtel und an Stofflappen gekaut haben, ist nun nichts mehr da, nichts, auf diesem gräßlichen Floß, Meerwasser und Pisse, die wir in Blechbüchsen kalt werden lassen, Zinnstücke, die wir unter die Zunge schieben, um nicht verrückt zu werden vor Durst, und Scheiße, die man nicht runterkriegen kann, von Blut und Salz verkrustete Seile, die einzige Nahrung, die nach Leben schmeckt, so lange, bis jemand, blind vor Hunger, sich über den Kadaver des Freundes beugt und weinend und sprechend und betend Fleisch von ihm abreißt und es wie ein wildes Tier in einen Winkel schleppt und anfängt, daran zu saugen und dann zu beißen und zu erbrechen und wieder zu beißen und den Ekel gewaltsam zu überwinden, um dem Tod das letzte Hintertürchen zum Leben abzuringen, ein grausamer Weg, den wir doch einer nach dem anderen allesamt einschlagen, alle gleichermaßen zu Bestien und Schakalen geworden, ein jeder stumm schließlich, mit seinem Fetzen Fleisch, den sauren Geschmack zwischen den Zähnen, die Hände besudelt mit Blut, in den Därmen der Biß eines wütenden Schmerzes, Todesgeruch, Fäulnisgestank, Haut, sich zersetzendes Fleisch, sehniges Fleisch, aus dem Wasser und Blutserum quillt, die Körper offen wie Schreie, gedeckte Tische für die Tiere, die wir sind, das Ende von allem, grausige Kapitulation, anstößiger Zusammenbruch, abscheuliche Niederlage, sündhafte Katastrophe, und ich, ich blicke – ich – blicke auf – ich blicke auf – blicke – da blicke ich auf und sehe es – ich – sehe es: *das Meer*. Zum erstenmal nach Tagen und Tagen sehe ich es wahrhaftig. Und höre seine gewaltige Stimme und spüre seinen starken Geruch und in mir seinen unaufhörlichen Tanz, die unendliche Welle. Alles vergeht, und nur es bleibt, vor mir, auf mir. Eine Enthüllung. Die Schicht aus Schmerz und Angst, die mir die Seele genommen hat, schmilzt, das Netz aus Erbärmlichkeiten, Grausamkeiten und Entsetzen, das mir die Augen geraubt hat, löst sich, der Schatten des Todes, der meinen Verstand gefressen hat, verflüchtigt sich, und im plötzlichen Licht einer unvermuteten Klarheit sehe ich endlich und fühle und begreife. Das Meer. Es schien Zuschauer zu sein, ein stiller Komplize sogar. Es schien Rahmen, Schauplatz, Hintergrund zu sein. Jetzt, da ich es anschaue, begreife ich: Das Meer war alles. Es war vom ersten Augenblick an alles. Ich sehe, wie es um mich herum tanzt, prächtig im eisigen Licht, wunderbares grenzenloses Ungeheuer. Es war in den mordenden Händen, in den sterbenden Toten, es war in Hunger und Durst, es war im Todeskampf, in der Niedertracht und im Wahnsinn, es war der Haß und die Verzweiflung, es war die Barmherzigkeit und der Verzicht, das Meer ist dieses Blut und dieses Fleisch hier, es selbst ist dieses Grauen und diese Pracht. Es gibt kein Floß, es gibt keine Menschen, es gibt weder Worte noch Gesten noch Gefühle, nichts. Es gibt weder Schuldige noch Unschuldige, weder Verurteilte noch Gerettete. Es gibt nur das Meer. Alles ist Meer geworden. Wir, die wir von der Welt aufgegeben wurden, sind zum Leib des Meeres geworden, und der Leib des Meeres, der in uns atmet und lebt, sind wir. Ich sehe ihm zu, wie es tanzt in seinem Mantel, wie die Freude in seinen unsichtbaren Augen strahlt, und endlich weiß ich, daß dies nicht etwa der Niedergang der Menschen ist, sondern allein der Triumph des Meeres, dies alles, und sein Ruhm, und also, also sei HOSIANNA, HOSIANNA, HOSIANNA, IHM, dem Ozean Meer, das mächtiger ist als alle Mächte, wunderbarer als jedes Wunder, HOSIANNA UND GLORIA IHM, Herr und Diener, Opfer und Henker, HOSIANNA, die Erde verbeugt sich, wenn es vorüberzieht, und berührt mit duftenden Lippen den Saum seines Mantels, HEILIG, HEILIG, HEILIG, Schoß jedes Neugeborenen, Leib jedes Todes. HOSIANNA UND GLORIA IHM, Zuflucht für jedes Schicksal und jedes atmende Herz, Anfang und Ende, Horizont und Quelle, Herr des Nichts, Meister über alles, ihm sei HOSIANNA UND GLORIA; dem Herrn der Zeit und Gebieter der Nächte, dem Einzigen und Alleinigen, HOSIANNA, denn sein ist der Horizont und reißend sein Leib, tief und unerforschlich, und GLORIA, GLORIA, GLORIA in des Himmels Höhe, denn da ist kein Himmel, in dem Es sich nicht spiegelt und sich verliert, und da ist keine Erde, die sich Ihm nicht unterwirft, Es ist unbesiegbar, Liebling des Mondes und sorgender

Vater der freundlichen Gezeiten, vor Ihm mögen sich die Menschen alle verneigen und den Lobgesang anstimmen, HOSIANNA UND GLORIA, denn Es ist in ihnen und wächst in ihnen, und sie leben und sterben in Ihm, und Es ist für sie Geheimnis und Ziel und Wahrheit und Verdammnis und Erlösung und alleiniger Weg in die Ewigkeit, und so ist es, und so wird es bleiben bis an das Ende der Tage, das das Ende des Meeres sein wird, sofern das Meer je ein Ende haben wird, Es, das Heilige, Einzige und Alleinige, Ozean Meer, darum sei ihm HOSIANNA UND GLORIA bis in Ewigkeit. AMEN.
Amen.
Amen.
Amen.
Amen.
Amen.
Amen.
Amen.
Amen.
Amen.
Amen.
   Das erste

      das erste ist mein Name,

           das erste ist mein Name, das zweite jene Augen,

         das erste ist mein Name, das zweite jene Augen, das dritte ein Gedanke, das vierte die hereinbrechende Nacht,
            das erste ist mein

Name, das zweite jene Augen, das dritte ein Gedanke, das vierte die hereinbrechende Nacht, das fünfte die geschundenen Körper, das sechste ist Hunger

das erste ist mein Name, das zweite jene Augen, das dritte ein Gedanke, das vierte die hereinbrechende Nacht, das fünfte die geschundenen Körper, das sechste ist Hunger, das siebte Grauen, das achte die Gespenster des Irrsinns

das erste ist mein Name, das zweite jene Augen, das dritte ein Gedanke, das vierte die hereinbrechende Nacht, das fünfte die geschundenen Körper, das sechste ist Hunger, das siebte Grauen, das achte die Gespenster des Irrsinns, das neunte ist Fleisch, und das zehnte ist ein Mann, der mich anschaut und mich nicht tötet. Er heißt Thomas. Von ihnen allen war er der stärkste. Denn er war gerissen. Wir haben es nicht geschafft, ihn zu töten. Lheureux hat es versucht, gleich in der ersten Nacht. Corréard hat es versucht. Doch dieser Mann hat sieben Leben. Um ihn herum sind alle tot, alle seine Gefährten. Auf dem Floß sind wir nur noch fünfzehn. Und einer ist er. Lange Zeit war er in der Ecke geblieben, die am weitesten weg von uns war. Dann hat er angefangen, ganz langsam auf uns zuzukriechen. Jede Bewegung eine unmenschliche Anstrengung, ich weiß es nur zu gut, der ich mich seit der letzten Nacht nicht mehr von hier weggerührt habe und hier sterben will. Jedes Wort ist eine grausame Schinderei und jede Bewegung eine aussichtslose Mühe. Er jedoch kommt immer näher. Er hat ein Messer im Gürtel. Und ich bin es, den er will. Ich weiß es.

Wer weiß, wieviel Zeit vergangen ist. Es gibt keinen

Tag mehr, es gibt keine Nacht mehr. Wir sind ein im offenen Meer treibender Friedhof. Ich habe die Augen aufgemacht, und er war da. Ich weiß nicht, ob es ein Alptraum ist oder Wirklichkeit. Vielleicht ist es nur der Irrsinn, endlich der Irrsinn, der mich gepackt hat. Wenn es aber Irrsinn ist, dann tut er weh und hat nichts Sanftes. Ich wollte, der Mann würde etwas tun. Aber er schaut mich immer weiter an und sonst nichts. Machte er nur einen einzigen Schritt, er wäre über mir. Ich habe keine Waffen mehr. Er hat ein Messer. Ich habe keine Kraft mehr, kein bißchen. In den Augen hat er die Kaltblütigkeit und die Stärke eines jagenden Tieres. Unbegreiflich, daß er noch fähig ist zu hassen, hier in diesem dreckigen, ziellos treibenden Kerker, wo es nunmehr nichts mehr gibt als den Tod. Unbegreiflich, daß er noch imstande ist, *sich zu erinnern*. Wenn ich nur sprechen könnte, wenn nur noch ein Funke Leben in mir steckte, ich würde ihm sagen, daß ich es tun mußte, daß es keine Barmherzigkeit, keine Schuld gibt in dieser Hölle, daß weder ich noch er existieren, sondern allein das *Meer*, Ozean Meer. Ich würde ihn bitten, mich nicht mehr anzuschauen und mich umzubringen. Bitte. Aber ich kann nicht sprechen. Er bewegt sich von da nicht weg, er wendet seine Augen nicht von den meinen. Und er tötet mich nicht. Wird das alles jemals ein Ende haben?

Eine grauenvolle Stille herrscht auf dem Floß und rings herum. Niemand klagt mehr. Die Toten sind tot, die Lebenden warten, und weiter nichts. Keine Gebete, keine Schreie, nichts. Das Meer tanzt, aber nur sacht, es ist wie ein leiser Abschied. Ich spüre keinen Hunger, keinen Durst und keine Schmerzen mehr.

Alles ist nur noch überwältigende Erschöpfung. Ich öffne die Augen. Der Mann ist immer noch da. Ich schließe sie wieder. Töte mich, Thomas, oder laß mich in Frieden sterben. Du hast dich schon gerächt. Geh weg. Schau auf das Meer. Ich bin nichts mehr. Meine Seele gehört mir nicht mehr, mein Leben ist nicht mehr mein Leben, nimm mir mit diesen Augen nicht auch noch meinen Tod.

Das Meer tanzt, aber nur sacht.

Keine Gebete, kein Wehklagen, nichts.

Das Meer tanzt, aber nur sacht.

Wird er zusehen, wenn ich sterbe?

Sie nennen mich Thomas. Und dies ist die Geschichte eines Verbrechens. Ich schreibe sie jetzt im Geiste mit den Kräften, die mir noch bleiben, und den Augen, die fest auf den Mann gerichtet sind, dem ich niemals verzeihen werde. Lesen wird sie der Tod.

Die *Alliance* war ein großes, starkes Schiff. Niemals hätte das Meer sie besiegt. Man braucht dreitausend Eichen, um ein solches Schiff zu bauen. Ein schwimmender Wald. Daß sie verlorenging, war der Dummheit der Menschen zuzuschreiben. Kapitän Chaumareys zog seine Karten zu Rate und maß die Wassertiefe. Aber er war nicht fähig, das Meer zu lesen. Er wußte seine Farben nicht zu lesen. Die *Alliance* landete auf der Sandbank von Arguin, ohne daß jemand es verhindern konnte. Ein merkwürdiger Schiffbruch: Man hörte ein ohrenbetäubendes Gejaule, das aus den Därmen des Schiffes kam, dann blieb es mit einem Ruck stecken und legte sich leicht auf die Seite. Reglos. Für immer. Ich habe großartige Schiffe gegen wilde Unwetter kämpfen sehen und einige, die aufgeben mußten und in den turmhohen Wellen versanken. Das war wie ein Duell. Wunderschön. Aber die *Alliance* hat nicht kämpfen können. Ein stilles Ende. Ringsumher das weite Meer war fast völlig glatt. Den Feind hatte sie in sich, nicht vor sich. Und ihre ganze Stärke war nutzlos gegen einen derartigen Gegner. Ich habe viele Leben gesehen, die auf eine solch unsinnige Weise Schiffbruch erlitten haben. Aber Schiffe nie.

Das Schiff begann zu knirschen. Sie beschlossen, die *Alliance* sich selbst zu überlassen, und bauten das Floß. Es schmeckte nach Tod, noch ehe es zu Wasser gelassen wurde. Die Männer spürten das und umringten die Rettungsboote, um der Falle zu entgehen. Sie mußten die Gewehre auf sie richten, um sie zum Einsteigen zu zwingen. Der Kommandant versprach und schwor, daß er sie nicht im Stich lassen würde, daß die Rettungsboote das Floß abschleppen würden, daß überhaupt kein Risiko bestünde. Schließlich landeten sie zusammengepfercht wie Tiere auf dem großen Kahn ohne Bordwände, ohne Kiel, ohne Steuer. Und ich war einer von ihnen. Es waren Soldaten dabei und Matrosen. Einige Passagiere. Und dann vier Offiziere, ein Kartograph und ein Arzt mit Namen Savigny: Sie nahmen die Floßmitte ein, wo die Vorräte gelagert waren, die wenigen, die im Durcheinander des Umsteigens nicht ins Meer gefallen waren. Sie stellten sich auf einen großen Kasten: Überall um sie herum standen wir, bis zu den

Knien im Wasser, weil das Floß unter unserem Gewicht nachgab. Schon damals hätte ich alles durchschauen müssen.

Von diesen Augenblicken ist mir ein Bild gegenwärtig geblieben. Schmaltz. Schmaltz, der Gouverneur, derjenige, der im Namen des Königs neue Kolonien in Besitz nehmen sollte. Sie ließen ihn, in seinem Sessel thronend, geradewegs an der Schiffswand herunter. Der Sessel aus Samt und Gold, und er darin, unerschütterlich. Sie wurden heruntergelassen, als seien sie eine Statue aus einem Guß. Wir auf dem Floß waren noch mit der *Alliance* vertäut, kämpften aber schon mit dem Meer und der Angst. Und er ließ sich, im Leeren pendelnd, seelenruhig auf sein Rettungsboot abseilen, jenen Engeln gleich, die in den Stadttheatern von der Decke herabschweben. Sie schwangen, er und sein Sessel, wie ein Pendel. Und ich dachte: Er baumelt wie ein Erhängter in der Abendbrise.

Ich weiß nicht mehr den genauen Zeitpunkt, an dem sie uns im Stich ließen. Ich hatte zu kämpfen, um auf den Beinen zu bleiben und Thérèse bei mir zu halten. Aber ich hörte Gebrüll und dann Schüsse. Ich blickte auf. Und über Dutzende schwankender Köpfe und Dutzende hochgerissener Arme hinweg sah ich das Meer und die fernen Rettungsboote und das Nichts zwischen uns und ihnen. Ich schaute ungläubig. Ich wußte, daß sie nicht zurückkommen würden. Wir waren in den Händen des Zufalls. Nur Glück konnte uns noch retten. Aber das Glück ist nie mit den Unterlegenen.

Thérèse war ein junges Mädchen. Ich weiß nicht, wie alt sie wirklich war. Jedenfalls sah sie aus wie ein junges Mädchen. Als ich in Rochefort war und dort im Hafen

arbeitete, ging sie mit Körben voller Fisch an mir vor-
über und schaute mich an. Sie schaute mich so lange an,
bis ich mich in sie verliebte. Alles, was ich dort unten
hatte, war mein Leben, soweit es etwas wert war, und
sie. Als ich mich für die Spedition zu den neuen Kolonien anwerben ließ, gelang es mir, sie als Marketende-
rin anheuern zu lassen. So schifften wir uns beide auf
der *Alliance* ein und fuhren ab. Es war wie ein Spiel.
Wenn man es bedenkt, war es in den ersten Tagen wie
ein Spiel. Wenn ich je erfahren habe, was es heißt, glücklich zu sein, in jenen Nächten waren wir es. Als ich unter
denen war, die auf das Floß steigen sollten, wollte
Thérèse mit mir kommen. Sie konnte in ein Rettungsboot steigen, aber sie wollte zu mir kommen. Ich sagte
ihr, sie solle keinen Unsinn machen, wir würden uns an
Land wiedertreffen, sie solle keine Furcht haben. Aber
sie wollte nicht auf mich hören. Es waren Männer darunter, groß und stark wie Felsen, die wimmerten und
bettelten um einen Platz auf den verdammten Rettungsbooten, sie sprangen vom Floß herunter und ris-
kierten, umgebracht zu werden, bloß um von da weg-
zukommen. Sie aber bestieg das Floß, ohne ein Wort zu
sagen, und verbarg alle Angst, die sie hatte. Frauen
machen manchmal Sachen, daß einem die Spucke
wegbleibt. Da kannst du es ruhig dein ganzes Leben
lang versuchen: aber du wirst es niemals schaffen, so
eine Leichtigkeit zu bekommen, wie sie sie manchmal
haben. Sie sind innerlich leicht. Innerlich.

Nachts starben die ersten, fortgerissen von den Wellen, die über das Floß peitschten. In der Finsternis hörte
man, wie sich ihre Schreie nach und nach entfernten. Bei
Morgengrauen fehlten etwa ein Dutzend Leute. Einige

lagen, von anderen zertrampelt, eingeklemmt zwischen den Bohlen des Floßes. Die vier Offiziere nahmen zusammen mit Corréard, dem Kartographen, und Savigny, dem Arzt, die Sache in die Hand. Sie hatten die Waffen. Und sie bewachten die Vorräte. Die Männer vertrauten ihnen. Lheureux, einer der Offiziere, hielt auch eine schöne Rede, ließ ein Segel hissen und sagte: Es wird uns an Land bringen, und wir werden die verfolgen, die uns verraten und im Stich gelassen haben, und wir werden nicht eher ruhen, bevor sie nicht unsere Rache zu schmecken bekommen haben. Genauso sagte er: bevor sie nicht unsere Rache zu schmecken bekommen haben. Er benahm sich nicht wie ein Offizier. Er benahm sich wie einer von uns. Die Männer erwärmten sich bei seinen Worten. Wir dachten alle, daß es wirklich so ausgehen würde. Man mußte nur durchhalten und keine Angst haben. Das Meer hatte sich geglättet. Der leichte Wind blähte unser Behelfssegel auf. Jeder von uns bekam seine Ration zu essen und zu trinken. Thérèse sagte zu mir: Wir werden es schaffen. Und ich sagte: Ja.

Es war bei Sonnenuntergang, als die Offiziere, ohne ein Wort zu sagen, eines der drei Weinfässer von dem Kasten herunterstießen und es in unsere Mitte rollen ließen. Sie rührten keinen Finger, als einige sich darauf stürzten, es aufmachten und zu trinken begannen. Die Männer liefen zu dem Faß, es gab ein großes Durcheinander, alle wollten von dem Wein, und ich durchschaute es nicht. Ich bewegte mich nicht und hielt Thérèse dicht bei mir. Es war etwas Merkwürdiges in alldem. Dann waren Gebrüll und Axtschläge zu hören, mit denen jemand versuchte, die Seile durchzuhauen, die das Floß zusammenhielten. Das war wie ein Signal. Ein wilder Kampf entbrannte. Es war finster, der Mond kam nur zeitweise zwischen den Wolken durch. Ich hörte Gewehrschüsse, und in den blitzartigen Lichtfetzen sah ich Männer wie Spukgestalten, die übereinander herfielen, und Kadaver und Säbel, die blind umherhieben. Schreie, wütendes Gebrüll und Geheul. Ich hatte bloß ein Messer: dasselbe, das ich jetzt dem Mann dort, der nicht mehr die Kraft hat wegzulaufen, ins Herz stechen werde. Ich packte es, aber ich wußte nicht, wer der Feind war, ich wollte nicht töten, ich verstand das alles nicht. Dann kam der Mond wieder heraus, und ich sah: einen unbewaffneten Mann, der sich an Savigny, den Arzt, klammerte und um Gnade schrie, Gnade, Gnade, und auch nicht aufhörte zu schreien, als der erste Säbelhieb ihm in den Leib fuhr, und dann der zweite und der dritte... Ich sah ihn zu Boden stürzen. Ich sah Savignys Gesicht. Und ich begriff. Wer der Feind war. Und daß der Feind siegen würde.

Als es in einem schreckenerregenden Morgengrauen hell wurde, lagen Dutzende grausam verstümmelter Kadaver und überall sterbende Menschen auf dem Floß. Um den Kasten herum bewachten etwa dreißig bewaffnete Männer die Vorräte. In den Augen der Offiziere lag eine Art euphorischer Gewißheit. Sie streiften mit gezogenem Säbel über das Floß, beruhigten die Überlebenden und warfen die Sterbenden ins Wasser. Niemand wagte, etwas zu sagen. Das Grausen und die Verwirrung über jene Nacht voller Haß ließ alle verstummen und versteinern. Niemand hatte bisher wirklich begriffen, was eigentlich passiert war. Ich schaute mir das alles an und dachte: wenn es so weitergeht, brauchen wir uns keine Hoffnungen zu machen. Der älteste Offizier hieß Dupont. Er ging dicht an mir vorbei, in seiner blutbeschmutzten Uniform, schwatzte etwas von Soldatenpflichten und ich weiß nicht, was sonst noch. Er hatte eine Pistole in der Hand und den Säbel in der Scheide. Eine Sekunde lang drehte er mir den Rücken zu. Ich wußte, daß er mir keine neue Gelegenheit mehr geben würde. Noch bevor er aufschreien konnte, hatte ich ihm mein Messer an die Kehle gesetzt und ihn so bewegungsunfähig gemacht. Von dem Kasten aus zielten die Männer mit ihren Gewehren instinktiv auf uns. Sie hätten auch abgedrückt, wenn Savigny ihnen nicht lauthals Einhalt geboten hätte. In der Stille war ich es dann, der das Wort ergriff, während ich weiter das Messer an Duponts Kehle preßte. Und ich sagte: Sie sind dabei, uns alle umzubringen, einen nach dem anderen. Und sie werden damit nicht aufhören, bis nur sie noch übrigbleiben. Diese Nacht haben sie euch betrunken gemacht. Aber in der kommenden werden sie weder Alibis noch Unterstützung brauchen. Sie haben die Waffen, und wir sind nicht mehr viele. Wenn es dunkel ist, werden sie machen, was sie wollen. Ob ihr mir glaubt oder nicht, so ist es. Es sind nicht genügend Vorräte für alle da, und sie wissen es. Sie werden nicht einen Mann mehr am Leben lassen, als ihnen nützlich ist. Ob ihr mir glaubt oder nicht, so ist es.«

Die Männer um mich herum waren völlig ratlos. Der Hunger, der Durst, die nächtliche Schlacht, das Meer, das nie aufhörte zu tanzen… Sie versuchten nachzudenken, sie wollten es begreifen. Es ist schwer sich vorzustellen, daß man dort, hilflos gegen den Tod ankämpfend, einen weiteren Feind entdecken muß, einen ärgeren gar: Männer wie du und ich. Gegen dich. Irgendwie lag etwas Absurdes in alldem. Und dennoch stimmte es. Einer nach dem anderen umringten sie mich. Savigny brüllte Flüche und Befehle. Aber niemand hörte auf ihn. So idiotisch es auch war, auf dem im Meer hilflos treibenden Floß hatte ein Krieg begonnen. Wir lieferten Dupont, den Offizier, lebend aus im Tausch gegen ein paar Lebensmittel und Waffen. Wir zogen uns in eine Ecke des Floßes zurück. Und warteten auf die Nacht. Thérèse behielt ich dicht bei mir. Sie sagte mir immer wieder: Ich habe keine Angst. Ich habe keine Angst. Ich habe keine Angst.

An jene Nacht und die weiteren, die noch folgten, will ich mich nicht erinnern. Ein methodisches, bewußtes Abschlachten. Je mehr Zeit verging, um so mehr war es unabdingbar, so wenige wie möglich zu sein, um überleben zu können. Und sie töteten auf eine wissenschaftliche Art und Weise. Da war etwas, das mich faszinierte an dieser kalkulierten Kaltblütigkeit, an dieser gnadenlosen Intelligenz. Es bedurfte eines außergewöhnlichen Verstandes, um in der allgemeinen Verzweiflung den logischen Faden der Ausrottung nicht zu verlieren. Aus den Augen dieses Mannes, die mich jetzt ansehen, als sei ich ein Traum, habe ich tausendmal, mit Haß und Bewunderung, die Merkmale einer grauenhaften Genialität herausgelesen.

Wir versuchten, uns zu wehren. Aber das war unmöglich. Den Schwachen bleibt nichts als die Flucht. Und von einem im Meer hilflos treibenden Floß kann man nicht fliehen. Tagsüber kämpfte man gegen den Hunger, die Verzweiflung, den Wahnsinn. Dann brach die Nacht herein, und der immer müder werdende, zermürbende Krieg mit immer schleppender werdenden Gesten, geführt von sterbenden Mördern und todgeweihten Bestien, flammte wieder auf. Bei Sonnenaufgang nährten neue Tote die Hoffnung der Lebenden und ihren grausamen Rettungsplan. Ich weiß nicht, wie lange das alles schon dauerte. Doch früher oder später mußte es auf irgendeine Weise ein Ende nehmen. Und es nahm ein Ende. Das Wasser, der Wein, das Wenige, was noch zu essen da war, ging zu Ende. Kein Schiff war gekommen, uns zu retten. Es blieb keine Zeit mehr für irgendwelche Berechnungen. Es gab nichts mehr, für das man sich gegenseitig umbringen müßte. Ich sah zwei Offiziere, die ihre Waffen ins Wasser warfen und sich stundenlang wie besessen in dem Meerwasser wuschen. Sie wollten reingewaschen sterben. Das war alles, was von ihrem Ehrgeiz und ihrer Intelligenz übrigblieb. Alles umsonst. Das Massaker, ihre Schändlichkeit, unsere Wut. Alles vollkommen umsonst. Weder Intelligenz noch Mut können das Schicksal aufhalten. Ich erinnere mich, daß ich nach Savignys Gesicht Ausschau hielt. Und blickte schließlich in das Gesicht eines Besiegten. Heute weiß ich, daß selbst am Abgrund des Todes die Gesichter der Menschen heuchlerisch bleiben.

In jener Nacht öffnete ich, von einem Geräusch geweckt, die Augen und erkannte im ungewissen Licht des Mondes die Umrisse eines Mannes vor mir. Instinktiv faßte ich nach dem Messer und richtete es auf ihn. Der Mann blieb stehen. Ich wußte nicht, ob es Einbildung war, ob es ein Alptraum war oder was es war. Ich mußte unbedingt die Augen offen halten. Ich rührte mich nicht. Sekunden, Minuten, ich weiß nicht. Da wandte der Mann sich ab. Und ich sah zwei Dinge. Das Gesicht, und es gehörte Savigny, und einen Säbel, der die Luft durchschnitt und auf mich niedersauste. Es war nur ein Augenblick. Ich wußte nicht, ob es Einbildung war, ob es ein Alptraum war oder was es war. Ich spürte keinen Schmerz, gar nichts. Es war auch kein Blut an mir. Der Mann verschwand. Ich rührte mich nicht. Erst nach einer Weile wandte ich mich zur Seite und sah: Thérèse lag am Boden neben mir mit einer klaffenden Wunde in der Brust und weit aufgerissenen Augen, die mich erstaunt anschauten.

Nein. Das durfte nicht wahr sein. Nein. Jetzt, wo alles vorbei war. Warum? Es wird wohl doch Einbildung, ein Alptraum sein, das kann er nicht wirklich getan haben. Nein. Nicht jetzt. Warum jetzt?

»Leb wohl, mein Geliebter.«

»O nein, nein, nein, nein.«

»Leb wohl.«

»Du wirst nicht sterben, ich schwör's dir.«

»Leb wohl.«

»Bitte, stirb nicht ...«

»Laß mich.«

»Du wirst nicht sterben.«

»Laß mich.«

»Wir werden uns retten, das mußt du mir glauben.«

»Mein Geliebter ...«

»Stirb nicht.«

»Mein Geliebter.«

»Nicht sterben. Nicht sterben. Nicht sterben.«

Überlaut war das Geräusch des Meeres. So laut, wie ich es nie gehört hatte. Ich nahm sie auf meine Arme und schleppte mich bis an den Rand des Floßes. Ich ließ sie ins Wasser gleiten. Ich wollte nicht, daß sie in dieser Hölle bliebe. Und wenn es keine Handbreit Erde gab, die über ihren Frieden wachen konnte, dann sollte das tiefe Meer sie zu sich nehmen. Unermeßlicher Totengarten ohne Kreuze, ohne Grenzen. Sie glitt davon wie eine Welle, nur schöner als die anderen.

Ich weiß nicht. Es ist schwer, das alles zu begreifen. Wenn ich ein Leben vor mir hätte, würde ich es vielleicht damit verbringen, diese Geschichte zu erzählen, ohne jemals aufzuhören, tausendmal, bis ich sie eines Tages verstehen könnte. Doch vor mir habe ich bloß einen Mann, der auf mein Messer wartet. Und Meer, Meer, Meer.

Der einzige Mensch, der mir wirklich etwas beigebracht hat, ein alter Mann namens Darrell, sagte immer, es gäbe drei Sorten Menschen: die vor dem Meer leben, die ins Meer eindringen, und die, denen es gelingt, lebend aus dem Meer heimzukehren. Und er sagte: Du sollst mal sehen, was das für eine Überraschung ist, wenn du entdeckst, welche die glücklichsten sind. Damals war ich noch ein Junge. Im Winter schaute ich mir die Schiffe an, die, von enormen Holzstelzen gehalten, auf dem Trockenen lagen, den Rumpf in die Luft gereckt und den Kiel in den Sand gebohrt wie eine unnütze Klinge. Und ich dachte: Hier werde ich nicht bleiben. Ich will bis ins Meer hinein vordringen. Denn wenn es etwas gibt, was wahr ist auf dieser Welt, dann ist es dort unten. Da unten bin ich jetzt, ganz tief im Leib des Meeres. Ich bin noch am Leben, weil ich erbarmungslos getötet habe, weil ich das von den Kadavern meiner Gefährten abgelöste Fleisch esse, weil ich ihr Blut getrunken habe. Ich habe eine Unmenge von Dingen erlebt, die vom Meeresufer aus unsichtbar sind. Ich habe erfahren, was wirkliches Verlangen und was Angst ist. Ich habe gesehen, wie Männer zerbrochen sind und sich in Kinder verwandelt haben. Und sich noch einmal verwandelt haben und zu wilden Bestien geworden sind. Ich habe erlebt, wie wunderbare Träume geträumt wurden, und habe den schönsten Geschichten meines Lebens gelauscht, die irgendwelche Männer erzählten, kurz bevor sie sich in die Flut gestürzt haben und für immer versunken sind. Am Himmel habe ich Zeichen gelesen, die ich nicht kannte, und den Horizont angestarrt mit Augen, die ich nicht zu haben glaubte. Was Haß wirklich bedeutet, habe ich auf diesen blutbesudelten Planken begriffen, auf denen das Meerwasser die Wunden faulen ließ. Und was Barmherzigkeit ist, wußte ich nicht, bevor ich sah, wie unsere Mörderhände stundenlang über die Haare eines Gefährten streichelten, der nicht sterben konnte. In den Fußtritten, mit denen die Sterbenden über Bord gestoßen wurden, habe ich die Grausamkeit gesehen, die Zärtlichkeit habe ich in Gilberts Augen gesehen, als er seinen kleinen Léon küßte, die Intelligenz habe ich in den Gesten gesehen, mit denen Savigny an seinem Massaker feilte, und den Wahnsinn habe ich in den beiden Männern gesehen, die eines Morgens die Flügel ausgebreitet haben und in den Himmel davongeflogen sind. Und sollte ich noch tausend Jahre leben, Liebe wäre der Name für die leichte Last von Thérèse auf meinen Armen, bevor sie in die Wellen glitt. Und Schicksal wäre der Name für dieses unendliche, schöne Ozean Meer. Ich hatte mich nicht geirrt, in jenen Wintern an der Küste, als ich glaubte, daß hier die Wahrheit steckt. Jahre habe ich gebraucht, um bis auf den Grund des Meeresleibes vorzudringen: Doch was ich suchte, habe ich gefunden. Die Wahrheiten. Selbst diejenige, die von allen am unerträglichsten und am grausamsten wahr ist. Dieses Meer ist ein Spiegel. Hier, in seinem Leib, habe ich mich selbst gesehen. Mich wahrhaftig gesehen.

Ich weiß nicht. Wenn ich ein Leben vor mir hätte – ich, der ich mich anschicke zu sterben –, würde ich es damit verbringen, diese Geschichte zu erzählen, ohne jemals aufzuhören, tausendmal, um herauszubekommen, was es bedeutet, daß die Wahrheit sich allein dem Grauen verschreibt und daß wir, um zu ihr zu gelangen, durch diese Hölle gehen mußten; um sie zu erkennen, mußten wir uns gegenseitig vernichten, um sie zu besitzen, mußten wir wilde Tiere werden, um sie ans Licht zu bringen, mußten wir vor Schmerz zerbrechen. Und um wahr zu sein, mußten wir sterben. Warum? Warum werden die Dinge erst im Würgegriff der Verzweiflung wahr? Wer hat die Welt auf diese Weise verdreht, daß die Wahrheit auf der dunklen Seite stehen muß, und warum ist der schändliche Sumpf einer verstoßenen Menschheit der einzige, eklige Boden, in dem das wächst, was einzig nicht aus Lüge besteht? Und endlich: Was ist das für eine Wahrheit, die nach Aas stinkt und im Blut gedeiht, sich von Schmerz nährt und auflebt, wo der Mensch sich demütigt und triumphiert, wo der Mensch verfault? *Wessen* Wahrheit ist das? Ist es eine Wahrheit *für uns*? Dort an der Küste, in jenen Wintern, stellte ich mir eine Wahrheit vor, die Ruhe war und Hort, die Trost war, Güte und Sanftmut. Eine für uns gemachte Wahrheit. Die auf uns warten und sich über uns beugen würde wie eine wiedergefundene Mutter.

Aber hier, im Leib des Meeres, habe ich die Wahrheit sorgfältig und vollkommen ihr Nest bauen sehen: Und was ich gesehen habe, ist ein Raubvogel, herrlich anzusehen im Flug und wild. Ich weiß nicht. Das war es nicht, was ich mir im Winter erträumt hatte, als ich davon träumte.

Darrell war einer von denen, die heimgekehrt waren. Er hatte den Leib des Meeres gesehen, er war hier gewesen, aber er war heimgekehrt. Er sei ein Liebling des Himmels, sagten die Leute. Er hatte zwei Schiffbrüche überlebt und, so sagte man, beim zweiten Mal in einem winzigen Boot mehr als dreitausend Meilen zurückgelegt, bevor er Land fand. Tagelang im Leib des Meeres. Dann war er heimgekommen. Deshalb sagten die Leute: Darrell ist weise, Darrell hat gesehen, Darrell weiß. Ich verbrachte meine Tage damit, ihm zuzuhören, wenn er erzählte: Aber vom Leib des Meeres hat er mir nie etwas gesagt. Es behagte ihm nicht, darüber zu sprechen. Es behagte ihm nicht einmal, daß die Leute ihn als wissend und weise bezeichneten. Vor allen Dingen ertrug er es nicht, wenn jemand von ihm sagte, *er hätte sich gerettet*. Er konnte es nicht *hören*, dieses Wort: *gerettet*. Er senkte den Kopf und blinzelte auf eine Weise, die man unmöglich vergessen konnte. In jenen Augenblicken schaute ich ihn an und konnte es nicht benennen, was ich da in seiner Miene las und, so viel wußte ich, sein Geheimnis war. Tausendmal bin ich dem Namen nahegekommen. Hier auf diesem Floß, im Leib des Meeres, habe ich ihn gefunden. Und nun weiß ich, daß Darrell ein wissender und weiser Mann war. Ein Mann, der gesehen hatte. Aber vor allem anderen und im Tiefsten jedes seiner Augenblicke war er ein *untröst-*

licher Mann. Das hat der Leib des Meeres mich gelehrt. Daß, wer die Wahrheit gesehen hat, für immer *untröstlich* bleiben wird. Und wirklich *gerettet* ist nur der, der niemals in Gefahr war. Selbst wenn jetzt ein Schiff am Horizont auftauchte und auf den Wellen bis hierher eilte und einen Augenblick vor unserem Tod einträfe und uns aufnähme und uns lebendig, lebendig heimkehren ließe: es wäre dennoch nicht das, was uns wirklich retten könnte. Selbst wenn wir irgendwann irgendwo Land sehen, wir werden nie wieder gerettet sein. Denn was wir gesehen haben, wird in unseren Augen bleiben, was wir getan haben, wird in unseren Händen bleiben, und was wir gefühlt haben, wird in unseren Seelen bleiben. Und für immer werden wir, die wir die wahren Dinge erlebt haben, für immer, wir Söhne des Grauens, für immer, wir Heimkehrer aus dem Leib des Meeres, für immer, wir Wissenden und Weisen, für immer – werden wir untröstlich sein.

Untröstlich.

Untröstlich.

Auf dem Floß herrscht tiefe Stille. Savigny öffnet ab und zu die Augen und schaut mich an. Wir sind dem Tod so nah, wir sind so tief im Leib des Meeres, daß nicht einmal die Gesichter mehr lügen können. Seines ist so wahr. Angst, Erschöpfung und Abscheu. Wer weiß, was er in dem meinen liest. Er ist mir inzwischen so nah, daß ich manchmal seinen Geruch wahrnehme. Ich werde mich jetzt dahin schleifen und ihm mit meinem Messer das Herz brechen. Welch seltsames Duell. Tagelang haben wir uns, auf einem dem Meer preisgegebenen Floß, inmitten der verschiedensten Möglichkeiten zu sterben, immer wieder aufgelauert und angegriffen.

Immer ausgelaugter, immer schleppender. Und nun scheint dieser letzte Dolchstoß eine Ewigkeit zu dauern. Aber das wird er nicht. Ich schwör's. Kein Schicksal sollte sich das anmaßen: Wie allmächtig es auch immer sein mag, es wird nicht rechtzeitig eintreffen, um dieses Duell zu beenden. Er wird nicht sterben, bevor er getötet wird. Und bevor ich sterbe, werde ich ihn töten. Das ist es, was mir bleibt: die leichte Last von Thérèse, eingeprägt wie ein unauslöschlicher Abdruck auf meinen Armen, und die Notwendigkeit, das Verlangen nach einer wie auch immer gearteten Gerechtigkeit. Dieses Meer soll wissen, daß ich sie bekomme. Jedes Meer soll wissen, daß ich vor ihm ans Ziel komme. Und nicht in seine Wellen wird Savigny bezahlen: sondern in meine Hände.

Auf dem Floß herrscht tiefe Stille. Überlaut ist nur der Lärm des Meeres zu hören.

Das erste ist mein Name, das zweite jene Augen, das dritte ein Gedanke, das vierte die hereinbrechende Nacht, das fünfte die geschundenen Körper, das sechste ist Hunger, das siebte Grauen, das achte die Gespenster des Irrsinns, das neunte ist Fleisch, und das zehnte ist ein Mann, der mich anschaut und mich nicht umbringt.

Das letzte ist ein Segel.

Weiß. Am Horizont.

Drittes Buch

Gesänge der Heimkehr

1. Elisewin

Auf der Kante des Erdensaums, einen Schritt nur vom stürmischen Meer, ruhte reglos die Pension Almayer, versunken im Dunkel der Nacht, wie ein Bild, ein Liebespfand im Dunkel einer Schublade.

Obgleich das Abendessen seit geraumer Zeit beendet war, hielten sich unerklärlicherweise immer noch alle im großen Kaminzimmer auf. Das Toben des Meeres dort draußen beunruhigte die Gemüter und verwirrte die Gedanken.

»Ich will ja nichts sagen, aber ob es nicht angebracht wäre...«

»Machen Sie sich keine Sorgen, Bartleboom, für gewöhnlich erleiden Pensionen keinen Schiffbruch.«

»Für gewöhnlich? Was soll das heißen, *für gewöhnlich*?«

Das Seltsamste aber waren die Kinder. Alle standen sie, die Nasen an die Fensterscheiben gepreßt, merkwürdig schweigsam da und starrten nach draußen in die Dunkelheit: Dood, der auf Bartlebooms Fensterbank lebte, und Ditz, der Pater Pluche Träume schenkte, und Dol, der für Plasson Schiffe entdeckte. Und Dira. Und sogar das Kind, das wunderschöne, das in Ann Deveriàs Bett schlief und das noch niemand in der Pension zu Gesicht bekommen hatte. Alle waren sie wie hypnotisiert von wer weiß was, schweigsam und ange-spannt.

»Sie sind wie kleine Tiere, glauben Sie mir. Sie spüren die Gefahr. Das ist ihr Instinkt.«

»Plasson, wenn Sie sich doch ein wenig Mühe geben wollten, Ihren Freund da zu beruhigen...«

»Ich finde, das kleine Mädchen ist wunderschön...«

»Versuchen Sie's doch mal, Madame.«

»Ich habe es absolut nicht nötig, daß sich jemand die Mühe macht, mich zu beruhigen, denn ich bin völlig entspannt.«

»Entspannt?«

»Vollkommen.«

»Elisewin... ist sie nicht wunderschön?... Man könnte glauben...«

»Pater Pluche, du sollst aufhören, ständig nach den Frauen zu schauen.«

»Das ist keine Frau...«

»Sie ist wohl eine Frau.«

»Aber eine kleine...«

»Sagen wir, daß mein gesunder Menschenverstand mir zur rechten Vorsicht rät bei der Einschätzung...«

»Das hat nichts mit gesundem Menschenverstand zu tun. Sondern mit Angst, das ist doch sonnenklar.«

»Das stimmt nicht.«

»Doch.«

»Nein.«

»Gewiß doch.«

»Gewiß nicht.«

»Ach, Schluß damit. Sie wollen wohl noch stunden-lang so weiterreden. Ich ziehe mich jetzt zurück.«

»Gute Nacht, Madame«, sagten alle.

»Gute Nacht«, antwortete Ann Deverià etwas zerstreut, erhob sich aber nicht aus ihrem Sessel. Sie veränderte nicht einmal ihre Haltung. Sie blieb, ohne sich zu rühren, einfach da. Als wäre nichts geschehen. Wirklich: eine merkwürdige Nacht war das.

Womöglich hätten sich am Ende doch noch alle in die Normalität einer beliebigen Nacht ergeben, wären einer nach dem anderen auf ihre Zimmer gegangen und sogar trotz des unermüdlichen Lärmens des stürmischen Meeres eingeschlafen, ein jeder eingemummt in seine Träume oder verborgen in einem wortlosen Schlaf. Womöglich hätte es am Ende doch noch eine beliebige Nacht werden können. Doch dazu kam es nicht.

Die erste, die ihre Augen von den Fensterscheiben löste, sich abrupt umdrehte und aus dem Zimmer lief, war Dira. Die anderen Kinder folgten ihr ohne ein Wort. Plasson blickte entgeistert zu Bartleboom hinüber, der entgeistert zu Pater Pluche hinüberblickte, der entgeistert zu Elisewin hinüberblickte, die entgeistert zu Ann Deverià hinüberblickte, die weiter vor sich hin blickte. Wenn auch mit einem unmerklichen Erstaunen. Als die Kinder wieder in den Saal kamen, trugen sie Laternen in der Hand. Dira zündete sie eine nach der anderen auf eine merkwürdig fieberhafte Art an.

»Ist was passiert?« fragte Bartleboom höflich.

»Hier, nehmen Sie«, antwortete ihm Dood und reichte ihm eine angezündete Laterne. »Und Sie, Plasson, nehmen Sie die hier, schnell.«

Man blickte überhaupt nicht mehr durch. Jeder hatte plötzlich eine brennende Laterne in der Hand. Niemand gab Erklärungen ab, die Kinder rannten hin und her, als seien sie von einer unverständlichen Aufgeregtheit überwältigt. Pater Pluche starrte wie hypnotisiert auf das Flämmchen seiner Laterne. Bartleboom murmelte undeutliche Protestlaute. Ann Deverià erhob sich aus ihrem Sessel. Elisewin bemerkte, daß sie zitterte. In dem Augenblick wurde die große Glastür, die zur Strandseite ging, aufgerissen. Wie in den Saal hineinkatapultiert, begann ein wütender Sturm um alles und alle herum zu wirbeln. Die Gesichter der Kinder leuchteten auf. Und Dira sagte:

»Schnell... hier durch!«

Sie rannte, ihre Laterne in der Hand, durch die aufgerissene Tür ins Freie.

»Los, los... raus hier, raus!«

Die Kinder schrien. Aber nicht vor Angst. Sie schrien, um das Getöse des Sturms und des Meeres zu übertönen. Und da war eine Art Freude – unerklärlicher Freude –, die in ihren Stimmen mitklang.

Bartleboom stand völlig orientierungslos weiterhin wie erstarrt mitten im Raum. Pater Pluche wandte sich nach Elisewin um: und sah eine ungewöhnliche Blässe in ihrem Gesicht. Madame Deverià sagte kein einziges Wort, nahm aber die Laterne und folgte Dira. Plasson lief ihr nach.

»Elisewin, es ist besser, du bleibst hier...«

»Nein.«

»Elisewin, so hör mich doch an...«

Bartleboom nahm mechanisch den Mantel und lief, etwas zwischen den Zähnen brummend, hinaus.

»Elisewin...«

»Gehen wir.«

»Nein, hör mir zu, ich bin mir überhaupt nicht sicher, daß du...«

Das kleine Mädchen – jenes wunderschöne – kam zurück, und ohne ein Wort zu sagen, lächelte sie Elisewin zu und nahm sie bei der Hand.

»Aber ich bin mir sicher, Pater Pluche.«

Ihre Stimme bebte, aber sie bebte vor Kraft und vor Lust. Nicht vor Angst.

Die Pension Almayer blieb zurück mit ihrer im Wind schlagenden Tür und ihren Lichtern, die in der Dunkelheit immer kleiner wurden. Wie von einem Bratrost aufspritzende Glutbröckchen hüpften zehn kleine Laternen den Strand entlang und zeichneten dabei lustige und rätselhafte Hieroglyphen in die Nacht. Das unsichtbare Meer verbreitete einen unglaublichen Lärm. Der Wind blies mit einer Heftigkeit, die Erde, Wörter, Gesichter und Gedanken zerzauste. Wundervoller Sturm. Und Ozean Meer.

»Ich verlange zu erfahren, wohin zum Teufel wir eigentlich laufen!«

»He?«

»WO ZUM TEUFEL LAUFEN WIR HIN?«

»Halten Sie Ihre Laterne hoch, Bartleboom!«

»Die Laterne!«

»He, warum müssen wir eigentlich so rennen?«

»Seit Jahren bin ich nicht mehr so gerannt...«

»Seit Jahren was?«

»Dood, verflixt noch mal, ich will wissen...«

»SEIT JAHREN BIN ICH NICHT MEHR GERANNT.«

»Alles in Ordnung, Herr Bartleboom?«

»Dood, verflixt...«

»Elisewin!«

»Hier bin ich, hier bin ich.«

»Bleib in meiner Nähe, Elisewin.«

»Hier bin ich.«

Wundervoller Sturm, Ozean Meer.

»Wissen Sie, was ich glaube?«

»Wie bitte?«

»Ich glaube, es ist für die Schiffe. DIE SCHIFFE.«

»Die Schiffe?«

»Bei stürmischem Meer wird so was gemacht... Am Ufer werden Feuer angezündet für die Schiffe... damit sie nicht aufs Ufer auflaufen...«

»Bartleboom, haben Sie gehört?«

»He?«

»Sie sind im Begriff, ein Held zu werden, Bartleboom!«

»Was zum Teufel redet Plasson denn da?«

»Daß Sie im Begriff sind, ein Held zu werden!«

»Ich?«

»FRÄULEIN DIRA!«

»Wo läuft sie bloß hin?«

»Könnte man nicht mal kurz stehenbleiben?«

»Wissen Sie, was die Insulaner bei stürmischem Meer machen?«

»Nein, Madame.«

»Sie rennen wie die Verrückten die Insel rauf und runter und halten sich Laternen über die Köpfe... damit die Schiffe... damit die Schiffe sich nicht mehr orientieren können und gegen die Felsen steuern.«

»Sie machen wohl Scherze.«

»Nicht im geringsten... Ganze Inseln leben von dem, was sich in den Wracks findet.«

»Sie wollen doch nicht behaupten, daß...«

»Halten Sie meine Laterne, bitte.«

»Bleiben Sie doch mal stehen, zum Teufel.«

168

»Madame … Ihr Mantel!«

»Lassen Sie ihn, wo er ist.«

»Aber …«

»Lassen Sie ihn liegen, mein Gott noch mal.«

Wundervoller Sturm. Ozean Meer.

»Was machen sie bloß?«

»Fräulein Dira!«

»Wo, zum Teufel, laufen Sie hin?«

»Himmel noch mal …«

»DOOD!«

»Laufen Sie, Bartleboom.«

»Ja, aber in welche Richtung?«

»Himmel noch mal, haben diese Kinder die Sprache verloren?«

»Sehen Sie, dort.«

»Das ist Dira.«

»Sie steigt den Hügel hinauf.«

»Ich geh' da rüber.«

»Dood! Dood! Zum Hügel müssen wir laufen.«

»Wo rennt der denn hin?«

»Christus, hier blickt man überhaupt nicht mehr durch.«

»Halten Sie die Laterne hoch, Pater Pluche, und laufen Sie.«

»Ich werde keinen einzigen Schritt mehr tun, wenn …«

»Warum sagen sie bloß nichts?«

»Ihr Blick gefällt mir überhaupt nicht.«

»Was gefällt Ihnen daran nicht?«

»Die Augen. DIE AUGEN!«

»Plasson, wo ist eigentlich Plasson geblieben?«

»Ich gehe mit Dol.«

»Aber...«

»DIE LATERNE. MEINE LATERNE IST AUSGEGAN-
GEN!«

»Madame Deverià, wo laufen Sie hin?«

»Meine Güte, ich würde wenigstens gerne wissen, ob
ich im Begriff bin, ein Schiff zu retten oder es zu ver-
senken!«

»ELISEWIN! Meine Laterne! Sie ist ausgegangen!«

»Was hat Dira gesagt, Plasson?«

»Dahin, dahin...«

»Meine Laterne...«

»MADAME!«

»Sie hört Sie nicht mehr, Bartleboom.«

»Aber das gibt es doch gar nicht...«

»ELISEWIN! Wo ist Elisewin geblieben? Meine
Laterne...«

»Pater Pluche, gehen Sie weg da.«

»Mir ist die Laterne ausgegangen.«

»Zum Teufel, ich geh' da rüber.«

»Kommen Sie, ich zünde Sie Ihnen wieder an.«

»Mein Gott, Elisewin, haben Sie Elisewin gesehen?«

»Sie wird mit Madame Deverià gegangen sein.«

»Aber sie war doch gerade noch hier, sie war hier...«

»Halten Sie die Laterne gerade.«

»Elisewin...«

»Ditz, hast du Elisewin gesehen?«

»DITZ! DITZ! Was zum Teufel ist bloß mit diesen
Kindern passiert?«

»Hier... Ihre Laterne...«

»Ich blicke überhaupt nicht mehr durch.«

»Los, gehen wir.«

»Ich muß Elisewin finden...«

»Los, Pater Pluche, gehen wir, die anderen sind schon alle da vorne.«

»Elisewin… ELISEWIN! Guter Gott, wo bist du nur geblieben… ELISEWIN!«

»Schluß damit, Pater Pluche, wir werden sie schon finden…«

»ELISEWIN! ELISEWIN! Elisewin, ich bitte dich…«

Reglos, die erloschene Laterne in der Hand, hörte Elisewin in der Ferne ihren Namen, vermischt mit Sturm und dem Toben des Meeres. In der Dunkelheit sah sie, wie die kleinen Lichter vieler Laternen vor ihr sich kreuzten, ein jedes in seine eigene Reise am Rande des Sturms vertieft. In ihrem Geist verspürte sie weder Unruhe noch Angst. Ein ruhiger See war ganz plötzlich in ihrer Seele explodiert. Er hatte den gleichen Klang wie eine Stimme, die sie kannte.

Sie drehte sich um und machte sich bedächtig auf den Rückweg. Für sie gab es keinen Sturm mehr, keine Nacht und kein Meer. Sie ging, und sie wußte wohin. Das war alles. Ein wundervolles Gefühl. Wenn das Schicksal sich endlich erschließt und ein deutlich erkennbarer Weg wird, eine unverkennbare Spur und gezielte Richtung. Die unendliche Zeit der Annäherung. Das Herankommen. Man wünschte sich, sie möge nie enden. Die Geste, sich dem Schicksal in die Hand zu geben. Das ist eine tiefe Empfindung. Keine Konflikte mehr, keine Lügen. Zu wissen wohin. Und das Ziel erreichen. Was immer das Schicksal sein möge.

Sie schritt aus – und es war das Schönste, was sie je getan hatte. Sie sah die Pension Almayer näher kommen. Ihre Lichter. Sie ließ den Strand zurück, kam an die Schwelle, trat ein und schloß die Tür hinter sich, aus der sie zusammen mit den anderen vor wer weiß wie langer Zeit hinausgerannt war, ohne noch etwas zu ahnen.

Stille.

Ein Schritt nach dem anderen auf dem Holzboden. Sandkörnchen knirschen unter den Füßen. In einer Ecke Plassons in der Eile des Aufbruchs auf den Boden gefallener Mantel. In den Sesselkissen der Abdruck von Madame Deveriàs Körper, als sei sie gerade erst aufgestanden. Und in der Mitte des Zimmers, reglos, Adams. Der sie ansieht.

Ein Schritt nach dem anderen, bis sie bei ihm ist. Und ihm sagt:

»Du wirst mir nicht weh tun, nicht wahr?«

Er wird ihr nicht weh tun, nicht wahr?

»Nein.«

Nein.

Da

nahm

Elisewin

das Gesicht

des Mannes

in ihre Hände

und

küßte es.

In den Ländereien von Carewall würden sie am liebsten niemals aufhören, diese Geschichte zu erzählen. Wenn sie sie nur kennen würden. Niemals würden sie damit aufhören. Jeder auf seine Weise, aber alle würden immer weitererzählen von den beiden und von einer ganzen Nacht, die sie damit verbrachten, sich gegenseitig mit Lippen und Händen das Leben zurückzuschenken, ein

Mädchen, das nichts, und ein Mann, der zuviel erlebt hatte, der eine in der anderen – jede Handbreit Haut eine Entdeckungsreise, eine Heimkehr – in Adams Mund den Geschmack der Welt kosten und ihn auf Elisewins Brust vergessen – im Schoß jener rastlosen Nacht, im schwarzen Unwetter, Schaumflocken im Dunkel, Wellen wie herabstürzender Ballast, Getöse, dröhnende Windstöße, rasende, mit wüster Geschwindigkeit über den Wasserspiegel auf die Nerven der Welt geschleuderte Töne, Ozean Meer, triefender, außer sich geratener Koloß – Seufzer, Seufzer in Elisewins Kehle – schwebender Samt – Seufzer bei jedem neuen Schritt in die Welt über nie gesehene Berge und Seen von undenkbaren Konturen – auf Adams Leib die weiße Last jenes sich zu lautloser Musik wiegenden Mädchens – wer hätte je gedacht, wie weit man sehen kann, wenn man die Augen eines Mannes küßt – wenn man die Beine eines Mädchens streichelt, wie schnell man laufen und fliehen kann – von allem fliehen – weit sehen – sie kamen von den beiden äußersten Enden des Lebens, das ist das Erstaunliche, und hätten, um zueinander zu finden, das ganze Universum von Kopf bis Fuß durchschreiten müssen; statt dessen hatten sie sich nicht einmal suchen müssen, das ist das Unbegreifliche, das einzig Schwierige bestand nur darin, sich zu erkennen, sich zu erkennen, die Sache eines Augenblicks, der erste Blick, und sie wußten es schon, das ist das Wundervolle – all dieses würde man sich in den Ländereien von Carewall immerfort erzählen, damit niemand vergäße, daß man sich nie fern genug ist, um sich zu begegnen, nie – fern genug – um sich zu begegnen – diese beiden waren es, sie waren sich ferner als sonst irgend jemand, und jetzt – schreit Elisewins Stimme in ihrer Seele, bedrängt von der Flut der Geschichten, und Adams weint, als er spürt, wie sie schließlich fortgleiten, die Geschichten, die endlich zu Ende, beendet sind – vermutlich ist die Welt eine Wunde, und jemand näht sie in den beiden Körpern, die sich vereinigen, zusammen – und es ist auch nicht Liebe, das ist das Erstaunliche, sondern Hände und Haut, Lippen, Erstaunen, Sex, Genuß – Trauer, vielleicht – sogar Trauer – Lust – wenn sie es erzählen werden, wird das Wort Liebe nicht vorkommen – tausend Worte werden sie sagen, die Liebe aber werden sie verschweigen – alles schweigt, ringsumher, als unvermittelt Elisewins Rücken bricht und ihr der Geist erblaßt, sie hält den Mann innen fest, ergreift seine Hände und denkt: ich werde sterben. Sie spürt, wie ihr Rücken bricht und wie ihr Geist erblaßt, und siehe, sie wird nicht sterben.

»Hör mich an, Elisewin…«

»Nein, sprich nicht…«

»Hör zu.«

»Nein.«

»Das, was hier geschehen wird, wird grauenvoll sein und…«

»Küß mich, es wird Morgen, sie kommen bald zurück…«

»Hör mich an…«

»Sprich nicht, ich bitte dich.«

»Elisewin…«

Wie soll das gehen? Wie sagst du es einer Frau wie ihr, was du ihr zu sagen hast, wenn ihre Hände auf dir sind und ihre Haut, die Haut, wie soll man ausgerechnet zu ihr vom Tod sprechen, wie sagst du einem solchen Mädchen, was sie schon weiß, was sie aber trotzdem wird anhören müssen, die Worte, eines nach dem anderen, die man zwar wissen kann, aber doch anhören muß; früher oder später muß jemand sie aussprechen, und man muß sie anhören, sie muß sie anhören, jenes Mädchen, das sagt:

»Du hast Augen, wie ich sie bei dir noch nie gesehen habe.«

Und dann:

»Wenn du nur wolltest, könntest du dich retten.«

Wie sagst du es einer Frau wie ihr, daß du dich wohl retten wolltest, mehr noch, daß du sie mit dir zusammen retten wolltest, nichts anderes, als sie zu retten und dich zu retten, ein ganzes Leben lang, aber es geht nicht, jeder hat seinen Weg zu gehen, und in den Armen einer Frau gehst du schließlich gewundene Wege, die du gar nicht richtig verstehst, und wenn es an der Zeit ist, kannst du sie nicht beschreiben, hast nicht die Worte, es zu tun, wohlklingende Worte, dort unter den Küssen und der Haut sind die richtigen Worte nicht vorhanden, und du suchst und suchst sie in dem, was du bist, und in dem, was du gespürt hast, und findest sie nicht, sie spielen immer die falschen Töne, die Musik ist es, die ihnen fehlt, dort unter den Küssen und auf der Haut, das Problem ist die Musik. Schließlich sagst du etwas, und es kommt etwas Armseliges heraus.

»Elisewin, ich werde nie mehr *gerettet* sein.«

Wie sagst du es einem Mann wie ihm, daß ich es jetzt bin, die ihn etwas lehren will, und unter seinen Zärtlichkeiten will ich ihn lehren, daß das Schicksal keine Kette ist, sondern ein Flug, wenn er nur wirklich Lust hätte zu leben, könnte er leben, wenn er nur wirklich Lust für mich empfände, könnte er tausend Nächte wie diese hier haben, statt der einzigen, grauenvollen, der er entgegengeht, nur weil sie auf ihn wartet, die grauenvolle Nacht, und seit Jahren nach ihm ruft. Wie sagst du es einem Mann wie diesem, daß es zu nichts nütze sein wird, sich zum Mörder zu machen, ebenso wie das Blut und der Schmerz zu nichts gut sind, es ist nur eine Art und Weise, kopfüber auf sein Ende zuzurennen, wenngleich die Zeit und die Welt, damit nichts ein Ende nehme, hier auf uns warten, uns rufen, wenn wir nur auf sie hören wollten, wenn er es könnte, wirklich, wahrhaftig, *auf mich hören* könnte. Wie sagst du es einem Mann wie ihm, daß er im Begriff ist, dich zu verlieren?

»Ich werde fortgehen...«

»...«

»Ich will nicht dabei sein... ich gehe fort.«

»...«

»Ich will den Schrei nicht hören, ich will weit weg sein.«

»...«

»Ich will es nicht hören.«

Es ist eine schwierige Musik, das ist die Wahrheit, die Musik ist es, die schwer zu finden ist, um sich das zu sagen, so nah beieinander, die Musik und die Gesten, um die Qual aufzulösen, wenn wirklich nichts mehr zu machen ist, die richtige Musik, damit dieses Fortgehen irgendwie ein Tanz wird und kein Entreißen, ein Hinüberleiten zum Leben hin und fort vom Leben, welch seltsames Pendel der Seelen, befreiend und mordend; wenn man dazu tanzen könnte, würde es weniger schmerzen, und deshalb suchen alle Liebenden in dem

Augenblick diese Musik in den Worten, auf dem Staub der Gesten, wohl wissend, daß, wenn sie den Mut dazu aufbringen würden, allein das Schweigen *Musik* wäre, eine klare Musik, ein breites, liebevolles Schweigen, Lichtung des Abschieds und müder See, der schließlich in die Spanne einer kleinen Melodie fließt, die seit jeher bekannt und mit leiser Stimme zu singen ist:

»Leb wohl, Elisewin.«

Eine winzige Melodie.

»Leb wohl, Thomas.«

Elisewin schlüpft unter dem Mantel hervor und steht auf. Mit ihrem nackten Mädchenkörper, an dem die milde Wärme einer ganzen Nacht haftet. Sie hebt ihre Kleider auf, geht zum Fenster. Die Außenwelt ist immer noch da. Du kannst machen, was du willst, aber du kannst gewiß sein, daß du sie immer an ihrem Platz vorfindest, immer. Man kann es kaum glauben, aber es ist so.

Zwei nackte Mädchenfüße. Sie steigen die Treppe hinauf, betreten ein Zimmer, gehen zum Fenster, bleiben stehen.

Die Hügel ruhen. So, als hätten sie gar kein Meer vor sich.

»Morgen reisen wir ab, Pater Pluche.«

»Wie bitte?«

»Morgen. Wir reisen ab.«

»Aber...«

»Bitte.«

»Elisewin... das kann man doch nicht so von einem Augenblick zum anderen entscheiden... wir müssen nach Daschenbach schreiben... du denkst doch nicht etwa, daß sie dort den ganzen heiligen Tag bloß auf uns warten…«

»Wir fahren nicht nach Daschenbach.«

»Was soll das heißen, wir fahren nicht nach Daschenbach?«

»Daß wir da nicht hinfahren.«

»Elisewin, laß uns die Ruhe bewahren. Wir sind bis hierher gekommen, weil du dich behandeln lassen sollst, und um dich behandeln zu lassen, mußt du ins Meer gehen, und um ins Meer zu gehen, mußt du nach…«

»Ich bin schon ins Meer gegangen.«

»Bitte?«

»Ich habe nichts mehr, von dem ich genesen müßte, Pater Pluche.«

»Aber…«

»Ich bin lebendig.«

»Jesus… was zum Teufel ist geschehen?«

»Nichts… du mußt mir nur vertrauen… ich bitte dich, du mußt mir vertrauen…«

»Ich .. ich vertraue dir, aber…«

»Dann laß mich von hier fortfahren. Morgen.«

»Morgen…«

Da steht er nun, Pater Pluche, und dreht und wendet sein Staunen in den Händen. Tausend Fragen im Kopf. Er weiß genau, welche er zu stellen hätte. Wenige Worte. Klare Worte. Ganz einfach diese: »Und was wird dein Vater dazu sagen?« Ganz einfache Worte. Trotzdem gehen sie ihm unterwegs verloren. Keine Chance, sie zurückzuholen. Er ist noch mit der Suche beschäftigt, als Pater Pluche seine eigene Stimme fragen hört:

»Und wie ist es? … Wie ist das Meer?«

Elisewin lächelt.

»Sehr schön.«

»Und sonst?«

Elisewin hört nicht auf zu lächeln.

»An einem gewissen Punkt hört es auf.«

Frühmorgens reisten sie ab. Die Karosse eilte über die Straße, die am Meer entlangführte. Pater Pluche ließ sich auf seinem Sitz mit der gleichen heiteren Ergebenheit hin und her rütteln, mit der er die Koffer gepackt, sich von allen verabschiedet, sich ein zweites Mal von allen verabschiedet und vorsätzlich vergessen hatte, einen Koffer aus der Pension mitzunehmen, denn einen Vorwand zurückzukehren sollte man immer parat haben, wenn man abreist. Man kann nie wissen. Er verhielt sich schweigend, bis er sah, daß die Straße eine Biegung machte und das Meer hinter sich ließ. Keine Sekunde länger.

»Wäre es zuviel verlangt zu fragen, wo wir eigentlich hinfahren?«

Elisewin hielt einen Zettel fest in der Hand. Sie blickte flüchtig darauf.

»Saint Parteny.«

»Und was ist das?«

»Ein Ort«, sagte Elisewin und umschloß den Zettel in ihrer Faust.

»Ein Ort, wo denn?«

»Man braucht etwa zwanzig Tage. Er liegt auf dem Land in der Nähe der Hauptstadt.«

»Zwanzig Tage? Das ist ja Wahnsinn.«

»Sieh dir das Meer an, Pater Pluche, gleich verschwindet es.«

»Zwanzig Tage... Ich will hoffen, daß du einen triftigen Grund für eine derartige Reise hast...«

»Gleich ist es verschwunden...«

»Elisewin, ich rede mit dir, was machen wir denn da unten?«

»Wir werden eine bestimmte Person suchen.«

»Eine Reise von zwanzig Tagen, um jemanden zu *suchen*?«

»Ja.«

»Teufel noch mal, dann muß es sich wohl geringstenfalls um einen Prinzen handeln, oder was weiß ich, um den König persönlich, um einen Heiligen...«

»Mehr oder weniger...«

Pause.

»Es ist ein Admiral.«

Pause.

»Du lieber Gott...«

Im Archipel von Tamal stieg jeden Abend ein Nebel auf, der die Schiffe verschlang und sie im Morgengrauen vollständig mit Schnee bedeckt zurückgab. In der Meeresenge von Cadaoum zog sich das Wasser bei Neumond stets so weit zurück, daß es eine riesige Sandbank freigab, die von sprechenden Muscheltieren und giftigen Algen bevölkert war. Vor Sizilien war auf hoher See eine Insel versunken, dafür waren zwei andere, die auf keiner Karte verzeichnet waren, in geringer Entfernung davon aufgetaucht. In den Gewässern von Draghar war der Pirat van Dell gefangengenommen worden, der sich lieber den Haien zum Fraß vorwarf, als der königlichen Marine in die Hände zu fallen. In seinem Palast schließlich war Admiral Langlais immer noch damit beschäftigt, die glaubhaften Unsinnigkeiten und unwahrscheinlichen Wahrheiten, die ihm von allen Meeren der Welt zugetragen wurden, mit zermürbender Genauigkeit zu katalogisieren. Seine Feder beschrieb mit unveränderlicher Geduld die phantastische Geographie einer unermüdlichen Welt. Sein Verstand erholte sich davon in der Genauigkeit des unveränderten täglichen Lebens. Mit sich selbst identisch, spulte sich sein Leben ab. Und auf eine fast schon beunruhigende Weise ruhte verwahrlost sein Garten.

»Mein Name ist Elisewin«, sagte das Mädchen, als es vor ihm stand.

Die Stimme faszinierte ihn: Samt.

»Ich bin einem Mann begegnet, der Thomas hieß.«

Samt.

»Als er hier bei Ihnen lebte, hieß er Adams.«

Admiral Langlais regte sich nicht, er blickte geradewegs in die dunklen Augen des Mädchens. Er sagte kein Wort. Er hatte gehofft, diesen Namen nie mehr zu hören. Tage-, monatelang hatte er ihn von sich ferngehalten. Er hatte nur wenige Sekunden Zeit, um zu verhindern, daß er zurückkäme, ihm die Seele und die Erinnerungen zu verletzen. Er hatte vor, aufzustehen und das Mädchen zu bitten fortzugehen. Er wollte ihr eine Kutsche geben. Geld. Alles mögliche. Er wollte ihr befehlen zu gehen. Im Namen des Königs, gehen Sie fort.

Wie aus weiter Ferne erreichte ihn die Samtstimme. Und sie sagte:

»Lassen Sie mich bei Ihnen bleiben.«

Dreiundfünfzig Tage und neun Stunden lang wußte Langlais nicht, was ihn in jenem Augenblick dazu bewogen hatte zu antworten:

»Ja, wenn Sie es wollen.«

Er begriff es eines Tages, als er, neben Elisewin sitzend, der Samtstimme zuhörte, die sprach:

»In Timbuktu ist dies die Stunde, in der die Frauen am liebsten singen und ihre Männer lieben. Sie entschleiern ihre Gesichter, und selbst die Sonne entfernt sich, so sehr ist sie ergriffen angesichts ihrer Schönheit.«

Langlais spürte, wie eine immense, sanfte Müdigkeit ihm bis ins Herz stieg. Als sei er jahrelang gereist, herumgeirrt und hätte nun endlich den Heimweg gefunden. Er wandte sich nicht zu Elisewin hin. Aber er sagte leise:

»Woher wissen Sie diese Geschichte?«

»Ich weiß nicht. Ich weiß nur, daß sie Ihnen gehört. Diese hier und all die anderen.«

Elisewin blieb fünf Jahre in Langlais' Palast. Pater Pluche fünf Tage. Am sechsten sagte er zu Elisewin, daß es zwar unbegreiflich sei, aber er habe einen Koffer da unten in der Pension Almayer stehen lassen, wirklich nicht zu begreifen, aber es seien wichtige Sachen darin, in dem Koffer, ein Anzug und vielleicht sogar das Buch mit all den Gebeten.

»Was soll das heißen, *vielleicht*?«

»Vielleicht... das heißt, gewiß, jetzt, da ich darüber nachdenke, ganz gewiß ist es in dem Koffer, du siehst ein, daß ich es auf keinen Fall dort lassen kann... nicht, daß sie sonst was wären, die Gebete, um Gottes willen, aber, nun ja, sie einfach so liegenzulassen... wenn man bedenkt, daß es sich um eine Reise von nur gerade mal zwanzig Tagen handelt, so groß ist die Entfernung ja nun auch nicht, es geht lediglich darum...«

»Pater Pluche…«

»… es bleibt natürlich dabei, daß ich zurück-
komme… ich fahre nur mal eben hin, meinen Koffer zu
holen, höchstens, daß ich ein paar Tage dort bleibe und
mich ausruhe, aber dann…«

»Pater Pluche…«

»… es handelt sich lediglich um etwa zwei Monate,
gegebenenfalls könnte ich mal eben bei deinem Vater
vorbeischauen, das heißt, ich meine, im äußersten Fall
wäre es vielleicht gar nicht so verkehrt, wenn ich…«

»Pater Pluche… Mein Gott, wie wirst du mir feh-
len.«

Am nächsten Tag reiste er ab. Er war schon in der
Kutsche, als er noch einmal ausstieg, an Langlais heran-
trat und ihm sagte:

»Wissen Sie was? Ich hätte darauf gewettet, daß
Admirale aufs Meer gehören…«

»Und ich hätte darauf gewettet, daß Priester in die
Kirche gehören.«

»Oh, na ja, wissen Sie, Gott ist überall…«

»Das Meer auch, Pater. Das Meer auch.«

Er fuhr ab. Und dieses Mal ließ er keinen Koffer
zurück.

Elisewin blieb fünf Jahre in Langlais' Palast. Die me-
thodische Ordnung in den Räumen und die Stille des
Lebens dort erinnerten sie an die weißen Teppiche in
Carewall, an die kreisförmigen Alleen und das verwelkte Stilleben, das ihr Vater eines Tages für sie hatte
gestalten lassen. Doch was dort Arzneimittel und Heil-
behandlung war, war hier durchschaubare Sicherheit
und freudige Genesung. Was sie als Hort für ihre

Schwäche kennengelernt hatte, entdeckte sie hier als eine Form von kristallklarer Kraft. Von Langlais lernte sie, daß unter allen möglichen Lebensformen man sich in einer verankern mußte, um all die anderen unbeschwert betrachten zu können. Langlais schenkte sie, eine nach der anderen, die tausend Geschichten, die ein Mann und eine Nacht in ihr ausgesät hatten, Gott weiß wie, aber auf eine unauslöschliche und endgültige Art und Weise. Er hörte schweigend zu. Sie erzählte. Samt.

Von Adams sprachen sie nie. Nur ein einziges Mal sagte Langlais, unversehens von seinen Büchern aufblickend, ganz behutsam:

»Ich habe ihn *geliebt*, diesen Mann. Falls Sie verstehen können, was das bedeutet, ich habe ihn *geliebt*.«

Langlais starb an einem Sommermorgen, von einem erbärmlichen Schmerz entkräftet und begleitet von einer Stimme – aus Samt –, die ihm von den Düften eines Gartens erzählte, dem kleinsten und schönsten von Timbuktu.

Am Tag darauf reiste Elisewin ab. Sie wollte zurück nach Carewall. Ob sie einen Monat dafür brauchte oder ein Leben lang, dorthin wollte sie zurückkehren. Was sie dort erwartete, konnte sie sich nicht recht vorstellen. Sie wußte nur, daß sie all die Geschichten, die sie in sich aufbewahrte, für sich behalten würde, für immer. Sie wußte, daß sie in jedem Mann, den sie lieben würde, den Geschmack von Thomas suchen würde. Und sie wußte, daß kein Land die *Spuren* des Meeres, die in ihr waren, überdecken konnte.

Alles weitere lag noch im Nichts. *Es zu erfinden* – das würde wunderschön werden.

2. Pater Pluche

Gebet für einen, der sich verirrt hat, nämlich, um ehrlich zu sein, Gebet für mich.

Herr, Guter Gott,
habe Nachsicht mit mir,
ich bin es wieder.

Hier gehen die Dinge
ihren Gang,
man kommt zurecht,
der eine mehr, der andere weniger,
in der Tat
findet man immer eine Methode,
eine Methode, um zurechtzukommen,
Du verstehst mich schon,
das ist also nicht das Problem.
Das Problem liegt woanders,
wenn Du die Geduld hast zuzuhören,
mich anzuhören,
mich.
Das Problem ist dieser Weg,
ein schöner Weg,
der Weg, der läuft
und weiterführt

und weiterhilft,
aber nicht so geradlinig verläuft,
wie er verlaufen könnte,
jedoch auch nicht so krumm,
wie er sein könnte,
nein.
Komischerweise
zerfällt er.
Glaube mir
(ein einziges Mal glaube Du mir),
er zerfällt einfach.
Wenn ich es zusammenfassen soll, wenn ich das soll,
er verflüchtigt sich
ein bißchen hierhin,
ein bißchen dahin,
gepackt
von plötzlicher
Freiheit.
Vermutlich.
Nun, ich will nichts herabwürdigen, aber ich sollte
Dir die Sache wohl erklären, denn es ist etwas Mensch-
liches und nichts Göttliches, wenn der Weg, der vor
einem liegt, zerfällt, sich verliert, zerbröckelt, finster
wird. Ich weiß nicht, ob Dir das gegenwärtig ist, es
könnte gut sein, daß es Dir nicht gegenwärtig ist, weil
es im allgemeinen nur auf Menschen zutrifft, daß sie
sich verirren. Nicht auf Dich. Höre mir also bitte geduldig zu, und laß es Dir erklären. Es geht ganz schnell.
Vor allem darfst Du Dich nicht durch die Tatsache ablenken lassen, daß man – technisch gesprochen – nicht
bestreiten kann, daß dieser Weg, welcher unter den
Wagenrädern läuft und weiterführt und weiterhilft, so

man sich an die Tatsachen hält, tatsächlich überhaupt nicht zerfällt. *Technisch* gesprochen. Er führt geradeaus weiter, ohne Verzögerungen, ohne jede noch so schmale Gabelung, nichts. Kerzengerade. Das sehe ich selbst. Aber das Problem, laß es Dir gesagt sein, liegt nicht hierin. Es ist nicht dieser Weg aus Erde, Staub und Steinen, von dem wir sprechen. Der in Frage stehende Weg ist ein anderer. Er verläuft nicht *draußen*, sondern *innendrin*. Hier drinnen. Ich weiß nicht, ob er Dir gegenwärtig ist: *mein* Weg. Jeder hat einen, das weißt Du selbst, der Du schließlich kein Außenstehender bist bei der Planung dieser Maschine, die wir allesamt sind, jeder von uns und jeder auf seine Weise. Einen Weg hat jeder in sich, was zumeist den Auftrag dieser unserer Reise erleichtert und nur in seltenen Fällen erschwert. Dies ist nun einer jener Augenblicke, der ihn erschwert. Zusammenfassend zusammengefaßt, um *den* Weg handelt es sich, um den inneren, der zerfällt, er hat sich vor mir aufgelöst, der verdammte, er ist verschwunden. Das kann passieren. Glaube mir. Und es ist nicht angenehm.

Nein.

Ich glaube,

es war,

Herr, guter Gott,

es war,

glaube ich,

das Meer.

Das Meer

verwirrt die Wellen

die Gedanken

die Segelschiffe

dein Verstand belügt dich plötzlich

und die Wege
die gestern noch da waren
sind nicht mehr.
So daß ich glaube,
ich glaube,
daß Dein Einfall damals
mit der Sintflut
in der Tat
ein genialer Einfall
war.
Denn
wenn man sich
eine Sühne
ausdenken will,
dann frage ich mich,
was man sich Besseres hätte
einfallen lassen können,
als einen armen Teufel
mitten in jener Flut
allein zu lassen.
Kein einziger Strand.
Nichts.
Ein Felsen.
Ein abgewracktes Wrack.
Nicht mal das.
Kein einziges Zeichen,
um zu begreifen,
wohin man
gehen soll,
wo man zum Sterben hin soll.
Also siehst Du,
Herr, guter Gott,

das Meer
ist so etwas wie
eine kleine
Sintflut.
Für den Hausgebrauch.
Du stehst da,
gehst spazieren,
schaust,
atmest,
unterhältst dich,
beobachtest es,
vom Ufer aus, versteht sich,
und in der Zeit
nimmt es dir
die Gedanken aus Stein,
die
der Weg waren,
Gewißheit,
Schicksal,
und
im Gegenzug
schenkt es
Schleier,
die dir im Kopf herumwallen,
gleich dem Tanz
einer Frau,
die dich
ganz närrisch macht.
Entschuldige den Vergleich.
Aber es ist nicht leicht zu erklären,
wie es kommt, daß man keine Antworten mehr
kennt,

vor lauter Aufs-Meer-Schauen.

So liegt das Problem jetzt, zusammenfassend zusammengefaßt, darin, daß ich eine Menge Wege um mich herum habe, aber keinen in mir oder, um genau zu ein, keinen in mir und vier um mich herum. Vier. Der erste: ich kehre zu Elisewin zurück und bleibe dort bei ihr, die schließlich, wenn wir so wollen, der Hauptgrund für das Zurücklegen von Wegen meinerseits überhaupt war. Der zweite: ich gehe meinen Weg weiter und begebe mich zur Pension Almayer, was zwar aufgrund der gefährlichen Nähe zum Meer kein ganz gesunder, gleichzeitig aber auch ein unglaublich schöner und ruhiger und leichter und ergreifender und endgültiger Ort ist. Der dritte: ich gehe meinen Weg geradeaus weiter, ohne die Abzweigung zur Pension einzuschlagen, und kehre nach Carewall zum Baron zurück, der auf mich wartet, denn alles in allem bin ich da zu Hause, und dort ist mein Platz. War es, zumindest. Der vierte: ich lasse alles fahren, ziehe diese schwarze und triste Robe aus, suche mir irgendeinen anderen Weg, erlerne ein Handwerk, heirate eine geistreiche und nicht besonders schöne Frau, mache ihr ein paar Kinder, werde alt und sterbe zum Schluß dank Deiner Vergebung heiter und ermattet wie jeder x-beliebige Christ. Wie Du siehst, es ist nicht so, daß ich keine klaren Vorstellungen hätte, sie sind sogar ausgesprochen klar, aber nur bis zu einem gewissen Punkt des Problems. Ich weiß ganz genau, wie die Frage lautet. Die Antwort ist es, die mir fehlt. Sie fährt, diese Kutsche, und ich weiß nicht wohin. Ich denke über die Antwort nach, und in meinem Kopf wird es finster.

So

nehme ich

diese Finsternis
und lege sie
in Deine
Hände.
Und ich bitte Dich,
Herr, guter Gott,
behalte sie bei Dir
nur eine Stunde
behalte Du sie in der Hand
die kurze Zeit, die ausreicht
das Schwarze aufzuhellen
das Schlechte aufzulösen
das mir den Kopf
verfinstert
und das Herz
mir schwärzt,
willst Du das tun?
Du könntest
Dich
auch nur
herabbeugen
es anschauen
darüber lächeln
es öffnen
ihm ein Licht
entwenden
und es fallen lassen,
damit ich es
finden kann,
ich werde dann schon dafür sorgen,
zu sehen,
wo es ist.

Eine Kleinigkeit
für Dich
etwas so Großes
für mich.
Hörst Du mich an,
Herr, guter Gott?
Es ist doch keine große Bitte,
die Bitte um.
Es ist keine Lästerung
zu hoffen, daß Du.
Es ist nicht albern,
sich einzubilden, daß.
Es ist ja nur ein Gebet,
eine Art,
den Duft des Wartens
aufzuschreiben.
Schreibe Du,
wohin Du willst,
den Weg,
den ich verlor.
Setze ein Zeichen,
irgendeines,
eine leichte
Schramme
auf das Glas
dieser Augen,
die schauen,
ohne zu sehen,
und ich werde sie erkennen.
Schreibe
auf die Weltkugel
ein einziges Wort,

ein für mich geschriebenes
ich werde es
lesen.
Berühre
nur einen Augenblick
dieser Stille,
ich werde es hören.
Fürchte Dich nicht,
ich tue es auch nicht.

Möge es davonschweben,
dieses Gebet,
mit der Kraft der Worte
über den Käfig der Welt hinaus,
bis wer weiß wohin.
Amen.

Gebet für einen, der seinen Weg wiedergefunden hat, näm-
lich, um ehrlich zu sein, Gebet für mich

Herr, guter Gott,
habe Nachsicht mit mir,
ich bin es wieder.

Er stirbt langsam,
dieser Mann,
er stirbt so langsam,
als wolle er
es auskosten,
Körnchen um Körnchen
in den Fingern halten,

den Rest des Lebens,
der ihm bleibt.
Auch Barone sterben,
wie Menschen sterben,
das weiß man jetzt.
Ich bin hier,
und offensichtlich
war das der Platz für mich,
hier an der Seite
des sterbenden Barons.
Er will von
seiner Tochter hören,
die nicht hier ist,
man weiß nicht, wo sie steckt,
er will hören,
daß sie lebt,
wo sie ist,
sie ist im Meer nicht gestorben,
im Meer ist sie
genesen.
Ich erzähle ihm davon,
und er stirbt,
doch es stirbt sich ein wenig leichter,
wenn man so stirbt.
Ich spreche zu ihm
ganz nah,
ganz leise,
und es ist klar,
mein Platz
war
hier.
Du hast mich von

einer beliebigen Straße geholt
und geduldig
mich geleitet
hin zu dieser Stunde,
in der er mich braucht.
Und ich,
der ich mich verirrt hatte,
in dieser Stunde
habe ich mich
gefunden.
Es ist verrückt, wenn man bedenkt,
daß Du mich angehört hast
damals,
mich
tatsächlich
angehört hast.
Jemand betet,
um nicht einsam zu sein,
jemand betet,
um das Warten zu überlisten,
da fällt einem doch im Traum nicht ein,
daß Gott
Gott
einem zuhören möchte.
Ist das nicht verrückt?
Du hast mich angehört.
Du hast mich errettet.
Gewiß, wenn ich es mir in aller Demut erlauben darf,
glaube ich nicht, daß Du unbedingt den Erdrutsch auf
die Straße nach Quartel schicken mußtest, ein Vorfall,
der auch für die Einwohner des Ortes ausgesprochen
ärgerlich war, es hätte wahrscheinlich etwas Gering-

fügigeres ausgereicht, ein unauffälligeres Zeichen, etwas, wie soll ich sagen, Intimeres zwischen uns beiden. Ebenso wie die Sache mit den Pferden, wenn ich den bescheidenen Einwand erheben darf, die sich auf dem Weg, der mich zu Elisewin zurückführte, aufbäumten und die man trotz aller Gewalt nicht zum Weiterlaufen bringen konnte, technisch war die Sache einwandfrei gelungen, aber vielleicht doch etwas zu spektakulär, glaubst Du nicht? Ich hätte es auch mit weniger Aufwand verstanden, manchmal passiert es Dir, daß Du des Guten zuviel tun willst, oder irre ich mich da? Wie dem auch sei, sie erzählen sich heute noch davon, die Leute da unten, so ein Ereignis vergißt man nicht. Alles in allem glaube ich, daß der Traum vom Baron, der aus dem Bett aufstand und »Pater Pluche! Pater Pluche!« rief, ausreichend gewesen wäre, das ist Dir auf eine gewisse Weise gut gelungen und ließ keinen Zweifel aufkommen, und in der Tat befand ich mich schon am darauffolgenden Morgen auf der Reise nach Carewall. Du siehst, im Grunde genommen bedarf es nur einer Kleinigkeit. Nein, ich sage Dir das nur für den Fall, daß Dir so etwas noch einmal passiert, dann weißt Du, wie Du Dich zu verhalten hast. Ein Traum ist etwas, was gut wirkt. Wenn ich Dir einen guten Rat geben darf, dies ist die richtige Methode. Um jemanden zu erlösen, im Falle eines Falles. Ein Traum.

So
werde ich
diese schwarze Robe
die triste Robe
behalten
und diese Hügel

die lieblichen Hügel
in den Augen
und bei mir.
In saecula saeculorum
ist dies mein Platz.
Alles ist jetzt
viel einfacher
geworden.
Einfacher
ist
nun
alles.
Was noch zu tun bleibt,
werde ich selbst tun können.
Wenn etwas gebraucht wird,
weißt Du, wo Pluche,
der Dir sein Leben
verdankt,
zu finden ist.

Möge es davonschweben,
dieses Gebet,
mit der Kraft der Worte
über den Käfig der Welt hinaus,
bis wer weiß wohin.
Amen.

3. Ann Deverià

Lieber André, meine geliebter Liebster von vor tausend Jahren,

das Mädchen, das Dir diesen Brief überreicht hat, heißt Dira. Ich habe ihr aufgetragen, ihn Dir zum Lesen zu geben, sobald Du in der Pension eintriffst, bevor sie Dich zu mir heraufschickt. Bis zur letzten Zeile. Versuche nicht, sie anzulügen. Dieses Mädchen kann man nicht anlügen.

Setz Dich also hin und hör mir zu.

Ich weiß nicht, wie Du mich finden konntest. Dieses hier ist ein Ort, den es fast gar nicht gibt. Und wenn du nach der Pension Almayer fragst, schauen die Leute dich erstaunt an und wissen nichts davon. Wenn mein Mann für meine Genesung einen unerreichbaren Winkel in der Welt gesucht hat, dann hat er ihn gefunden. Weiß Gott, wie auch Du ihn finden konntest.

Deine Briefe habe ich erhalten, und es war nicht leicht, sie zu lesen. Die Wunden der Erinnerung werden schmerzlich aufgerissen. Wenn ich mich hier weiter nach Dir gesehnt und immer noch auf Dich gewartet hätte, wären Deine Briefe betörende Glückseligkeit gewesen. Doch dies hier ist ein merkwürdiger Ort. Die Wirklichkeit verschwimmt, und alles wird Erinnerung. Selbst Du hast nach und nach aufgehört,

Sehnsucht zu sein, und bist Erinnerung geworden. Deine Briefe sind bei mir angekommen wie Botschaften, die eine nicht mehr existierende Welt überlebt haben.

Ich habe Dich geliebt, André, und ich kann mir nicht vorstellen, wie man jemanden mehr lieben könnte. Ich hatte ein Leben, das mich glücklich machte, und ich habe zugelassen, daß es in Scherben ging, nur um bei Dir zu sein. Nicht aus Langeweile oder aus Einsamkeit habe ich Dich geliebt oder aus einer Laune heraus. Ich habe Dich geliebt, weil die Sehnsucht nach Dir stärker war als jedes Glück. Und ich wußte, daß das Leben dann doch nicht groß genug ist, alles zusammenzuhalten, was die Sehnsucht in der Lage ist sich vorzustellen. Aber ich habe nicht versucht, mir Einhalt zu gebieten, und auch Dir nicht. Ich wußte, daß das Leben es tun würde. Und so kam es auch. Es ist mit einem Schlag auseinandergebrochen. Überall lagen Scherben, und sie schnitten wie Klingen.

Dann bin ich hierhergekommen. Und das ist nicht leicht zu erklären. Mein Mann dachte, es sei ein Ort, um zu genesen. Aber genesen ist ein zu dürftiges Wort für das, was hier geschieht. Und ein zu einfaches. Dies ist ein Ort, an dem du von dir selbst Abschied nimmst. Das, was du bist, gleitet mehr und mehr von dir ab. Und du läßt es Schritt für Schritt hinter dir, an diesem Ufer, das die Zeit nicht kennt und nur einen einzigen Tag erlebt, immer den gleichen. Die Gegenwart verschwindet, und du wirst Erinnerung. Du gleitest weg von allem, von den Ängsten, den Gefühlen, den Sehnsüchten: Du verwahrst sie wie abgelegte Kleider im Schrank einer unbekannten Weisheit und eines unverhofften Friedens. Kannst Du mich verstehen? Kannst Du verstehen, daß dies alles – schön ist?

Glaub mir, es ist nicht nur eine Art und Weise, um leichter zu sterben. Ich habe mich nie lebendiger gefühlt als jetzt. Aber es ist anders. Das, was ich bin, ist schon geschehen: und lebt hier und jetzt in mir wie ein Schritt in einem Fußstapfen, wie ein Klang in einem Echo und wie ein Rätsel in seiner Antwort. Es stirbt nicht, das nicht. Es gleitet hinüber auf die andere Seite des Lebens. Mit einer Leichtigkeit, die tänzerisch anmutet.

Es ist eine Art und Weise, alles zu verlieren, um alles zu gewinnen.

Wenn es Dir gelingt, das alles zu verstehen, wirst Du mir glauben, wenn ich Dir sage, daß es mir unmöglich ist, an die Zukunft zu denken. Die Zukunft ist ein Begriff, der sich von mir losgelöst hat. Sie ist unwichtig. Sie bedeutet nichts mehr. Ich habe nicht mehr die Augen, sie zu sehen. In Deinen Briefen sprichst Du so oft davon. Mir fällt es schwer, mich zu erinnern, was das bedeutet. Zukunft. Meine ist schon vollständig da, nämlich jetzt. Meine Zukunft wird die friedliche Ruhe einer regungslosen Zeit sein, die die Augenblicke sammelt, um sie einen nach dem anderen übereinanderzusetzen, als seien sie ein einziger. Von hier bis zu meinem Tod wird es nur noch diesen Augenblick geben und sonst nichts.

Ich werde nicht mit Dir gehen, André. Ich werde mir kein neues Leben aufbauen, denn ich habe gerade gelernt, die Wohnung dessen zu sein, was mein Leben war. Und das gefällt mir. Ich will nichts anderes. Ich verstehe sie, Deine fernen Inseln, und ich verstehe Deine Träume, Deine Pläne. Aber es gibt keinen Weg mehr, der mich dahinführen könnte. Und Du wirst mir, in einer Welt, die es nicht gibt, keinen erfinden können. Verzeih mir, mein geliebter Liebster, aber Deine Zukunft wird nicht die meine sein.

In dieser Pension gibt es einen Mann mit einem komischen Namen, der erforscht, wo das Meer aufhört. In diesen Tagen, während ich auf Dich wartete, habe ich ihm von uns erzählt und wie sehr ich mich vor Deiner Ankunft fürchte und mir gleichzeitig wünsche, daß Du kommst. Er ist ein guter, geduldiger Mann. Er hörte mir zu. Und eines Tages sagte er zu mir: »Schreiben Sie ihm.« Er sagt, jemandem zu schreiben ist die einzige Art und Weise, auf ihn zu warten, ohne sich zu verletzen. Und so habe ich Dir geschrieben. All das, was ich in mir trage, habe ich in diesen Brief gelegt. Er sagt, der Mann mit dem komischen Namen, daß Du es verstehen wirst. Er sagt, Du wirst ihn lesen und dann zum Strand hinunter- und am Ufer entlanggehen, Du wirst über alles nachdenken und es begreifen. Ob es eine Stunde oder einen Tag dauern wird, ist nicht wichtig. Aber schließlich wirst Du zur Pension zurückkommen. Er sagt, Du wirst die Treppe hinaufsteigen, meine Tür öffnen, und ohne etwas zu sagen, wirst Du mich in die Arme schließen und mich küssen.

Ich weiß, daß das albern klingt. Aber ich wünschte, es würde wirklich so kommen. Es ist eine schöne Art, sich zu verlieren, der eine in den Armen der anderen.

Nichts wird mir die Erinnerung an damals rauben können, als ich, mit meinem ganzen Ich,

Deine Ann

war.

4. Plasson

VORLÄUFIGER KATALOG DER WERKE DES MALERS MICHEL PLASSON, IN CHRONOLOGISCHER REIHENFOLGE VOM AUFENTHALT DESSELBEN IN DER PENSION ALMAYER (ORTSCHAFT QUARTEL) BIS ZUM EINTRITT SEINES TODES.

Zum Wohle der Nachwelt redigiert von Herrn Professor Ismael Adelante Ismael Bartleboom, auf der Grundlage ganz persönlicher Erfahrungen sowie anderer zuverlässiger Zeugnisse.
                        Madame Ann Deverià zugedacht.

1. *Ozean Meer*, Öl auf Leinwand, 15 x 21,6 cm
Sammlung Bartleboom

Beschreibung.
Vollständig weiß.

2. *Ozean Meer*, Öl auf Leinwand, 80,4 x 110,5 cm
Samml. Bartleboom

Beschreibung.
Vollständig weiß.

3. *Ozean Meer*, Aquarell, 35 x 50,5 cm
Samml. Bartleboom

Beschreibung.
Weiß, vager ockerfarbener Schatten im oberen Teil.

4. *Ozean Meer*, Öl auf Leinwand, 44,2 x 100,8 cm
Samml. Bartleboom

Beschreibung.
Vollständig weiß. Signatur rot.

5. *Ozean Meer*, Zeichnung, Bleistift auf Papier,
12 x 10 cm
Samml. Bartleboom

Beschreibung.
In der Blattmitte sind deutlich zwei nah beieinander stehende Punkte zu erkennen. Der Rest ist weiß. (Am rechten Rand ein Fleck: Fett?)

6. *Ozean Meer*, Aquarell, 31,2 x 26 cm
Samml. Bartleboom. Augenblicklich, jedoch nur vorübergehend, Frau Maria Luigia Severina Hohenheith überlassen.

Beschreibung.
Vollständig weiß.
Bei der Übergabe des Werkes an mich sagte der Maler
wörtlich: »*Das ist das Beste, was ich bisher gemacht habe.*«
Sein Tonfall drückte tiefe Befriedigung aus.

7. *Ozean Meer*, Öl auf Leinwand, 120,4 x 80,5 cm
Samml. Bartleboom

Beschreibung.
Zwei Farbflecke heben sich deutlich ab: ein ockerfarbener im oberen Teil der Leinwand und ein schwarzer
im unteren. Ansonsten: weiß. (Auf der Rückseite eine
autographe Anmerkung: *Gewitter*. Und darunter: *tatatum tatatum tatatum.*)

8. *Ozean Meer*, Pastell auf Papier, 19 x 31,2 cm
Samml. Bartleboom

Beschreibung.
In der Blattmitte, leicht nach links versetzt, ein kleines
blaues Segel. Ansonsten weiß.

9. *Ozean Meer*, Öl auf Leinwand, 340,8 x 220,5 cm
Bezirksmuseum Quartel. Katalognummer 87.

Beschreibung.
Rechts ein dunkler, aus dem Wasser ragender Felsen.
Haushohe, sich an den Felsen brechende Wellen schäu-

men eindrucksvoll. Im Unwetter erkennt man zwei im Meer versinkende Schiffe. Vier Rettungsboote balancieren auf dem Rand eines Strudels. In den Rettungsbooten drängen sich Schiffbrüchige. Einige von ihnen, die ins Meer gefallen sind, sinken auf den Grund. Das Meer ist hinten zum Horizont hin sehr hoch, sehr viel höher als im Vordergrund, und verwehrt den Blick auf den Horizont, gegen jede Logik scheint es aufzusteigen, als würde die ganze Welt sich erheben und wir hier an unserem Standpunkt im Leib der Erde, in der Tiefe versinken, während eine Klappe sich majestätisch über uns schließt und die Nacht mit Grauen auf dieses Monster niedersinkt. (Zweifelhafte Zuordnung. Mit an Sicherheit grenzender Wahrscheinlichkeit gefälscht.)

10. *Ozean Meer*, Aquarell, 20,8 x 16 cm
Samml. Bartleboom

Beschreibung.
Vollständig weiß.

11. *Ozean Meer*, Öl auf Leinwand, 66,7 x 81 cm
Samml. Bartleboom

Beschreibung.
Vollständig weiß. (Stark beschädigt. Wahrscheinlich ins Wasser gefallen.)

12. *Porträt von Ismael Adelante Ismael Bartleboom*,
Bleistift auf Papier, 41,5 x 41,5 cm

Beschreibung.
Vollständig weiß. In der Mitte, in kursiven Buchstaben,
eine Aufschrift: *Bartleb.*

13. *Ozean Meer.* Öl auf Leinwand, 46,2 x 51,9 cm
Samml. Bartleboom

Beschreibung.
Vollständig weiß. In diesem Fall jedoch ist die Aussage
wörtlich zu nehmen: Die Leinwand ist ganz mit dicken
Pinselstrichen in weißer Farbe bedeckt.

14. *In der Pension Almayer*, Öl auf Leinwand, 50 x 42 cm
Samml. Bartleboom

Beschreibung.
Darstellung eines Engels in präraffaelitischem Stil. Das
Gesicht ist ausdruckslos. Die Flügel prunken in außer-
gewöhnlichem Farbreichtum. Hintergrund goldfarben.

15. *Ozean Meer*, Aquarell, 118 x 80,6 cm
Samml. Bartleboom

Drei kleine hellblaue Flecken oben links (Segel?). Ansonsten weiß. Auf der Rückseite autographe Anmerkung: Pyjama und Socken.

16. *Ozean Meer*, Bleistift auf Papier, 28 x 31,7 cm
Samml. Bartleboom

Beschreibung.
Achtzehn Segel unterschiedlicher Ausmaße, ohne eine
bestimmte Anordnung verstreut. In der unteren linken
Ecke die kleine Skizze eines Dreimasters, eindeutig von
fremder, wahrscheinlich kindlicher Hand ausgeführt
(Dol?).

17. *Porträt von Madame Ann Deverià*, Öl auf Leinwand, 52,8 x 30 cm
Samml. Bartleboom

Beschreibung.
Eine überaus blasse Frauenhand mit wunderbar schlanken Fingern. Hintergrund weiß.

18, 19, 20, 21. *Ozean Meer*, Bleistift auf Papier,
12 x 12 cm
Samml. Bartleboom

Beschreibung.
Serie von vier augenscheinlich völlig identischen Skiz-
zen. Eine einfache horizontale Linie etwa auf mittlerer
Höhe durchkreuzt sie von links nach rechts (oder auch
von rechts nach links, wenn man so will). Plasson
behauptete, es handele sich in Wirklichkeit um vier ganz
unterschiedliche Bilder. Wörtlich sagte er: *»Es sind vier
ganz unterschiedliche Bilder.«* Mein sehr persönlicher

Eindruck ist der, daß sie das gleiche Motiv in vier verschiedenen aufeinanderfolgenden Momenten des Tages
darstellen. Als ich dem Urheber gegenüber diese meine
Ansicht äußerte, sah er sich veranlaßt, mir zu antworten: »*Meinen Sie?*«

22. (Ohne Titel), Bleistift auf Papier, 20,8 x 13,5 cm
Samml. Bartleboom

Beschreibung.
Ein junger Mann geht vom Ufer her auf das Meer zu;
auf seinen Armen trägt er den leblosen Körper einer
unbekleideten Frau. Mond am Himmel und Reflexe auf
dem Wasser.
Diese Skizze, die dem ausdrücklichen Willen des Ur-
hebers gemäß lange Zeit geheimgehalten wurde, mache
ich hiermit – angesichts der Zeitspanne, die inzwischen
seit den dramatischen Vorfällen, auf die sie zurückgeht,
vergangen ist – der Öffentlichkeit zugänglich.

23. *Ozean Meer*, Öl auf Leinwand, 71,6 x 38,4 cm
Samml. Bartleboom

Beschreibung.
Ein tiefer dunkelroter Schnitt durchteilt die Leinwand
von links nach rechts. Der Rest weiß.

24. *Ozean Meer*, Öl auf Leinwand, 127 x 108,6 cm
Samml. Bartleboom

Beschreibung.
Vollständig weiß. Es handelt sich um das letzte während des Aufenthalts in der Pension Almayer, Ortschaft Quartel, entstandene Werk. Der Urheber vermachte es der Pension und äußerte den Wunsch, daß es an einer Wand gegenüber dem Meer aufgehängt werden sollte. Später ist es über Kanäle, die ich nie habe durchschauen können, in meinen Besitz gelangt. Ich bewahre es auf und halte es zur Verfügung desjenigen, der einen Eigentumsanspruch nachweisen kann.

25, 26, 27, 28, 29, 30, 31, 32. (Ohne Titel), Öl auf Leinwand, verschiedene Größen
Museum Saint Jacques in Grance

Beschreibung.
Acht Porträts von Seeleuten, die stilistisch auf den Plasson früherer Prägung zurückdeuten. Abt Ferrand, der die freundliche Liebenswürdigkeit hatte, mir das Vorhandensein derselben anzuzeigen, bezeugt, daß der Urheber sie kostenlos ausgeführt hat zum Zeichen seiner Zuneigung zu einigen Personen, mit denen er während seines Aufenthalts in Saint Jacques aufrichtige freundschaftliche Beziehungen unterhielt. Wie der Abt selbst mir sympathischerweise gestand, hatte er den Maler gebeten, von demselben porträtiert zu werden, was jedoch eine ebenso freundliche wie nachdrückliche Absage zur Folge hatte. Wie es scheint, lauteten seine bei dieser Gelegenheit ausgesprochenen Worte: *»Bedauerlicherweise sind Sie kein Seemann, und deshalb haben Sie kein Meer im Gesicht. Wissen Sie, es*

ist so weit gekommen, daß ich nur noch Meer malen kann.«

33. *Ozean Meer*, Öl auf Leinwand (Maße unbekannt) (verschollen)

Beschreibung.
Vollständig weiß. Auch in diesem Fall ist Abt Ferrands Zeugenaussage wertvoll. Er hatte die Freimütigkeit zuzugeben, daß die Leinwand, die am Tag nach der Abreise des Malers in dessen Unterkunft gefunden wurde, durch ein unerklärliches Mißverständnis als eine einfache Leinwand betrachtet wurde und nicht als ein vollendetes Werk von erheblichem Wert. Als solche wurde sie von Unbekannten fortgeräumt und gilt bis heute als unauffindbar.

34, 35, 36. (Ohne Titel), Öl auf Leinwand, 68,8 x 82 cm Museum Gallen-Martendorf, Helleborg

Beschreibung.
Es handelt sich um drei äußerst akkurate, fast identische Kopien des Gemäldes von Hans van Dyke, *Hafen von Skalen*. Das Museum Gallen-Martendorf katalogisiert sie als Werke von Hans van Dyke, was einem bedauerlichen Mißverständnis gleichkommt. Wie ich dem Kurator des genannten Museums, Prof. Broderfons, mehrfach zu verstehen gab, sind die drei Leinwände auf der Rückseite nicht nur mit der deutlich lesbaren Anmerkung *»van Plasson«* versehen, sondern sie weisen

auch eine Besonderheit auf, die Plassons Urheberschaft augenscheinlich macht: In allen dreien hat der bei seiner Arbeit auf der Mole abgebildete Maler eine Staffelei mit einer vollständig weißen Leinwand vor sich stehen. Im Original von van Dyke weist die Leinwand eine ordentliche Bemalung auf. Professor Broderfons bestätigt zwar die Korrektheit meines Einwandes, weist ihm hingegen keine besondere Bedeutung zu. Im übrigen handelt es sich bei Professor Broderfons um einen ebenso inkompetenten Wissenschaftler wie unerträglichen Menschen.

37. *Bodensee*, Aquarell, 27 x 31,9 cm
Samml. Bartleboom

Beschreibung.
Werk von akkurater und sehr eleganter Machart, welches den berühmten Bodensee bei Sonnenuntergang darstellt. Die Farben sind warm und abgetönt. Menschliche Gestalten kommen nicht vor. Doch das Wasser sowie die Ufer sind mit großer Poesie und Intensität dargestellt. Plasson sandte mir diese Leinwand, begleitet von einer kurzen Notiz, deren Inhalt ich hier ungekürzt wiedergebe: »*Es ist die Erschöpfung, mein Freund. Eine angenehme Erschöpfung. Leben Sie wohl.*«

38. *Ozean Meer*, Bleistift auf Papier, 26 x 13,4 cm
Samml. Bartleboom

Beschreibung.
Die mit Sorgfalt und Gründlichkeit angefertigte Zeichnung zeigt Plassons linke Hand. Er war, wie ich mich verpflichtet fühle anzumerken, Linkshänder.

39. *Ozean Meer*, Bleistift auf Papier, 26 x 13,4 cm
Samml. Bartleboom

Beschreibung.
Plassons linke Hand. Ohne Schattierungen.

40. *Ozean Meer*, Bleistift auf Papier, 26 x 13,4 cm
Samml. Bartleboom

Beschreibung.
Plassons linke Hand. Wenige, nur leicht angedeutete Striche.

41. *Ozean Meer*, Bleistift auf Papier, 26 x 13,4 cm
Samml. Bartleboom

Beschreibung.
Plassons linke Hand. Drei Linien und eine leichte Schattierung.
Anmerkung. Diese Zeichnung wurde mir zusammen mit den drei zuvor genannten von Doktor Monnier geschenkt, dem Arzt, der sich während des kurzen und schmerzhaften Verlaufs seiner tödlichen Krankheit (Lungenentzündung) um ihn kümmerte. Nach dessen

Aussage, und ich habe keinen Grund, sie zu bezweifeln, handelt es sich hierbei um die letzten vier Werke, denen Plasson sich widmete, als er bereits bettlägerig war und von Tag zu Tag schwächer wurde. Der gleichen Aussage zufolge starb Plasson heiter, in stiller Einsamkeit und mit friedvoller Seele. Wenige Minuten vor seinem Ableben sprach er den folgenden Satz: »*Es ist keine Frage der Farben, es ist eine Frage der Musik, verstehen Sie? Ich habe lange dazu gebraucht, doch jetzt* (stopp).«

Er war ein großmütiger Mann und gewiß mit einer enormen künstlerischen Begabung ausgestattet. Er war mein Freund. Und ich mochte ihn sehr gern.

Nun ruht er, seinem ausdrücklichen Wunsch zufolge, auf dem Friedhof in Quartel. Das Denkmal auf seinem Grab ist aus einfachem Stein. Vollständig weiß.

5. Bartleboom

Es kam so. Bartleboom befand sich in einem Thermalbad, dem Thermalbad Bad Hollen, einer scheußlichen Kleinstadt, wenn Sie verstehen, was ich meine. Er fuhr dorthin, weil er unter gewissen Beschwerden litt, er hatte es wohl mit der Prostata, eine lästige und unliebsame Angelegenheit. Wenn es einen an *der* Stelle trifft, bedeutet das immer eine wahre Quälerei, nichts Schlimmes, aber man muß darauf achtgeben, und man muß eine Menge lächerlicher, demütigender Dinge tun. Bartleboom also, er zum Beispiel fuhr ins Thermalbad Bad Hollen. Eine im übrigen scheußliche Kleinstadt.

Wie dem auch sei.

Bartleboom war mit seiner Verlobten dort, einer gewissen Maria Luigia Severina Hohenheith, einer zweifellos schönen Frau, aber einer von der Sorte Opernloge, wenn Sie verstehen, was ich damit meine. Ein bißchen Fassade. Man fühlte sich versucht, um sie herumzugehen und zu schauen, ob etwas dahintersteckte, hinter der Schminke und dem gespreizten Gerede und allem anderen. Man tat es dann doch nicht, aber die Versuchung war groß. Bartleboom, um der Wahrheit die Ehre zu geben, hatte sich nicht mit allzu großer Begeisterung verlobt, im Gegenteil. Das muß gesagt werden. Eine seiner Tanten, Tante Matilde, hatte alles eingefädelt. Man muß ja bedenken, daß er damals von Tanten sozusagen umzingelt war, und der Vollständigkeit halber muß auch gesagt werden, daß er von ihnen *abhängig* war, rein wirtschaftlich, meine ich, er selbst besaß keinen roten Heller. Die Tanten waren es, die für seinen Lebensunterhalt aufkamen. Das war die Konsequenz seiner leidenschaftlichen und ungeteilten Zuwendung an die Wissenschaft, die Bartbolooms Leben an die ehrgeizige Enzyklopädie der Grenzen undsoweiterundsofort band, ein vortreffliches Werk, und ein verdienstvolles dazu, das ihn naheliegenderweise jedoch daran hinderte, seinen beruflichen Pflichten nachzugehen, und ihn veranlaßte, Jahr um Jahr seine Stelle als Professor samt entsprechendem Verdienst vorübergehend einem Vertreter zu überlassen, der in dem vorliegenden Fall, das heißt während der vollen siebzehn Jahre, in denen es in diesem Schlendrian weiterging, ich selber war. Demzufolge werden Sie für meine Dankbarkeit ihm gegenüber Verständnis haben und meine Bewunderung für sein Werk begreifen. Das versteht sich von selbst. Dergleichen vergißt ein Ehrenmann nicht.

Wie dem auch sei.

Tante Matilde hatte alles eingefädelt, ohne daß Bartbolom sich groß dagegen auflehnen konnte. Er hatte sich verlobt. Allerdings hatte er das nicht gerade mit Freuden geschluckt. Er hatte etwas von seinem Glanz verloren... die Seele war ihm trüb geworden, wenn Sie verstehen, was ich meine. Es war, als hätte er sich etwas anderes vorgestellt, etwas völlig anderes. Auf eine derartige Normalität war er nicht vorbereitet. Er schlug sich durchs Leben, mehr auch nicht. Dann, eines

Tages in Bad Hollen, ging er mit seiner Verlobten samt der Prostata zu einem Empfang, eine elegante Angelegenheit mit Champagner und fröhlich-leichter Musik. Walzer. Dort begegnete er Anna Ancher. Sie war eine außergewöhnliche Frau, das war sie. Sie malte. Gut sogar, wie es hieß. Ein völlig anderes Format als Maria Luigia Severina, um das einmal klarzustellen. Sie war es, die ihn im lärmenden Treiben des Festes ansprach.

»Verzeihen Sie... Sie sind doch Professor Bartleboom, nicht wahr?«

»Ja.«

»Ich bin eine Freundin von Michel Plasson.«

Dabei kam heraus, daß er ihr tausendmal geschrieben hatte, der Maler, der von Bartleboom und vielen anderen Dingen erzählt hatte, besonders auch von der Enzyklopädie der Grenzen undsoweiterundsofort, eine Geschichte, die sie, wie sie sagte, sehr beeindruckte.

»Ich wäre entzückt, wenn ich eines Tages Ihr Werk zu sehen bekäme.«

Genau so sagte sie: *entzückt*. Sie sagte es, indem sie ihr Köpfchen leicht zur Seite neigte und sich ein Löckchen ihrer rabenschwarzen Haare aus den Augen strich. Eine Meisterleistung. Bartleboom war zumute, als hätte man ihm diesen Satz geradewegs in den Blutkreislauf eingeflößt. Dieser Satz strahlte sozusagen bis in seine Hose aus. Er murmelte irgend etwas, und von da an tat er nichts anderes mehr, als zu schwitzen. Er konnte himmlisch schwitzen, wenn es angebracht war. Die Temperatur hatte nichts damit zu tun. Er machte das alles von allein.

Womöglich wäre die Geschichte hier auch schon zu Ende gewesen, doch am nächsten Tag, als Bartleboom allein spazierenging und jenen Satz und alles weitere in seinem Kopf hin und her wendete, sah er eine Kutsche vorbeifahren, eine von den schönen, mit Gepäck und Hutschachteln auf dem Dach. Sie fuhr stadtauswärts. Und drinnen, er sah sie ganz genau, saß Anna Ancher. Sie war's tatsächlich. Das Köpfchen mit den rabenschwarzen Haaren. Alles war vorhanden. Auch die Ausstrahlung in seine Hose hinein war die gleiche wie am Tag zuvor. Bartleboom begriff. Was man auch immer über ihn sagen mochte, er war ein Mann, der, wenn es geboten war, seine Entscheidungen zu treffen wußte, da ließ er nicht mit sich spaßen, wenn es geboten war, drückte er sich vor nichts. So kehrte er um, packte zu Hause seine Koffer und trat reisefertig seiner Verlobten Maria Luigia Severina gegenüber. Sie machte sich gerade mit Haarbürsten, Schleifchen und Halsketten zu schaffen.

»Maria Luigia...«

»Ich bitte dich, Ismael, ich bin schon spät dran...«

»Maria Luigia, ich möchte dich darüber informieren, daß du nicht mehr verlobt bist.«

»Einverstanden, Ismael, laß uns später darüber sprechen.«

»Und folgerichtig bin ich auch nicht mehr verlobt.«

»Das liegt auf der Hand, Ismael.«

»Also leb wohl.«

Was an dieser Frau so erstaunlich war, war die Langsamkeit ihres Reaktionsvermögens. Mehr als einmal sprachen wir mit Bartleboom über diese Angelegenheit, er war von diesem Phänomen absolut fasziniert, er hatte auch darüber geforscht, sozusagen, und hatte sich schließlich eine Kompetenz in dieser Hinsicht erworben, die man geradezu wissenschaftlich und auch umfassend nennen konnte.

Im vorliegenden Fall wußte er also nur zu gut, daß die Zeit, die ihm zur Verfügung stand, um ungestraft aus dem Haus zu verschwinden, zwischen zweiundzwanzig und sechsundzwanzig Sekunden lag. Er hatte ausgerechnet, daß ihm diese Zeitspanne ausreichen würde, um die Kutsche zu erreichen. In der Tat, genau in dem Augenblick, als er sein Hinterteil in den Wagen schob, wurde die klare Bad Hollener Morgenluft von einem unmenschlichen Schrei aus den Angeln gehoben:

»BAAAAAAARTLEBOOM!«

Was für eine Stimme diese Frau hatte. Noch Jahre später erzählte man sich in Bad Hollen, daß es war, als hätte jemand ein Klavier vom Kirchturm geradewegs auf ein Lager voller Kristallüster fallen lassen.

Bartleboom hatte sich erkundigt: Die Anchers wohnten in Hollenberg, vierundfünfzig Kilometer nördlich von Bad Hollen gelegen. Er machte sich auf die Reise. Er hatte den Anzug an, den er zu bedeutsamen Anlässen trug. Auch der Hut war sein Festtagshut. Er schwitzte natürlich, jedoch in den angemessenen Grenzen allgemein üblicher Schicklichkeit. Die Kutsche fuhr ohne Schwierigkeiten auf dem Weg zwischen den Hügeln. Alles schien in bester Ordnung.

Was die Worte anbelangte, die er Anna Ancher sagen würde, wenn er vor ihr stand, hatte Bartleboom eine klare Vorstellung:

»Mein Fräulein, auf Sie habe ich gewartet. Jahrelang habe ich auf Sie gewartet.«

Und, zack, würde er ihr die Mahagonikassette mit all den Briefen überreichen, Hunderten von Briefen, etwas, was jedermann die Sprache verschlagen mußte vor Staunen und vor Ergriffenheit. Das war ein guter Plan, da gibt es gar nichts. Bartleboom drehte und wendete ihn die ganze Fahrt über in seinem Kopf hin und her, was hinsichtlich des Geistesumfangs gewisser großer Forscher und Denker – was Professor Bartleboom ohne jeden Zweifel war – nachdenklich stimmt, denn für sie bringt die vortreffliche Gabe, sich mit außerordentlicher Sorgfalt und Tiefgründigkeit auf einen Gedanken zu konzentrieren, den unsicheren Nebeneffekt mit sich, alle anderen angrenzenden, verwandten und dazugehörigen Gedanken nämlich augenblicklich und auf eine einmalig vollständige Weise zu beseitigen. Närrische Köpfe, mit einem Wort. So verbrachte zum Beispiel Bartleboom die gesamte Reise damit, die unangreifbar logische Exaktheit seines Planes zu überprüfen, wobei ihm jedoch erst sieben Kilometer vor Hollenberg, und zwar genau zwischen den Dörfern Alzen und Bergen, einfiel, daß er, um es präzise auszudrücken, besagte Mahagonikassette und somit sämtliche Briefe, Hunderte von Briefen, *gar nicht mehr hatte.*

Das sind Schicksalsschläge. Wenn Sie verstehen, was ich meine.

In der Tat hatte Bartleboom die Kassette mit den Briefen am Verlobungstag Maria Luigia Severina gegeben. Wenn auch nicht gerade besonders überzeugt, hatte er ihr doch das Ganze mit einer gewissen Feierlichkeit überreicht und dabei gesagt:

»Mein Fräulein, auf Sie habe ich gewartet. Jahrelang habe ich auf Sie gewartet.«

Nachdem die zehn bis zwölf Sekunden der üblichen

228

Verzögerung verstrichen waren, hatte Maria Luigia die Augen verdreht, den Hals gereckt und ungläubig nur zwei elementare Wörter hervorgebracht:

»Auf mich?«

»*Auf mich*« war nun nicht gerade die Antwort, von der Bartleboom seit Jahren geträumt hatte, während er jene Briefe schrieb, allein lebte und sich durchschlug, so gut er konnte. Daher versteht es sich von selbst, daß er von diesem Verlauf ein wenig enttäuscht war, was man ja verstehen kann. Das erklärt auch, warum er danach auf die Sache mit den Briefen nicht mehr zurückkam und sich darauf beschränkte festzustellen, daß die Mahagonikassette immer noch da war, bei Maria Luigia, und nur Gott wußte, ob irgend jemand sie je geöffnet hat. So was kommt vor. Jemand erträumt sich etwas, etwas Eigenes, Intimes, und dann spielt das Leben nicht mit und zerstört alle Träume; in einem einzigen Augenblick, mit einem Satz, zerstiebt alles. So was kommt vor. Nicht von ungefähr ist das Leben ein elendes Geschäft. Es bleibt einem nichts anderes übrig, als sich damit abzufinden. Es kennt keine *Dankbarkeit*, das Leben, wenn Sie verstehen, was ich meine.

Dankbarkeit.

Wie dem auch sei.

Das Problem bestand nun darin, daß die Kassette benötigt wurde, sich allerdings am denkbar ungünstigsten Ort befand, nämlich irgendwo im Hause von Maria Luigia. Bartleboom stieg in Balzen, fünf Kilometer vor Hollenberg, aus, übernachtete im Gasthof und nahm am nächsten Morgen die Kutsche, die in rückwärtiger Richtung nach Bad Hollen fuhr. Seine Odyssee hatte ihren Anfang genommen. Eine wahre Odyssee, wenn

Sie mir glauben wollen. Bei Maria Luigia benutzte er die bekannte Technik, da konnte nichts schiefgehen. Er trat, ohne sich ankündigen zu lassen, in das Zimmer, in dem sie, um ihre Nerven zu schonen, zu Bett liegend schmachtete, und sagte ohne Vorrede:

»Ich bin gekommen, um die Briefe zu holen, meine Liebe.«

»Sie liegen auf dem Schreibtisch, mein Schatz«, antwortete sie mit einer gewissen Sanftmut. Dann, nach genau sechsundzwanzig Sekunden, stieß sie einen erstickten Klageschrei aus und wurde ohnmächtig. Bartleboom, das versteht sich von selbst, hatte sich längst aus dem Staub gemacht. Er nahm erneut eine Kutsche, diesmal in Richtung Hollenberg, und am Abend des darauffolgenden Tages sprach er im Hause Ancher vor. Er wurde in den Salon geleitet, und es fehlte nur wenig daran, daß er nicht tot umfiel, mausetot. Sie saß am Klavier, die junge Dame, und spielte mit ihrem Köpfchen, den rabenschwarzen Haaren und so fort, spielte wie ein Engel. Sie allein, dort, sie und das Klavier und nichts weiter. Unfaßbar. Bartleboom blieb wie angewurzelt auf der Schwelle stehen, seine Mahagonikassette in der Hand, schneeweiß im Gesicht. Er konnte nicht einmal mehr schwitzen. Sich nur in ihre Betrachtung vertiefen und nichts weiter.

Als die Musik aussetzte, wandte die junge Dame ihm ihren Blick zu. Endgültig hingerissen durchquerte er den Salon, trat vor sie, legte die Mahagonikassette auf das Klavier und sagte:

»Fräulein Anna, auf Sie habe ich gewartet. Jahrelang habe ich auf Sie gewartet.«

Auch diesmal war die Antwort ungewöhnlich:

»Ich bin nicht Anna.«

»Wie bitte?«

»Ich heiße Elisabeth. Anna ist meine Schwester.«
Zwillingsschwestern, wenn Sie verstehen, was ich meine.

Zwei Wassertropfen.

»Meine Schwester befindet sich in Bad Hollen, dem Thermalbad. Etwa fünfzig Kilometer von hier.«

»Ja, ich kenne den Weg, vielen Dank.«

Das sind Schicksalsschläge. Zugestanden. Wahre Schicksalsschläge. Zum Glück besaß Bartleboom Durchhaltevermögen, er hatte mehr Charakterstärke in den Knochen als irgendeiner sonst. Er nahm seine Reise wieder auf, Ziel Bad Hollen. Wenn Anna Ancher dort war, mußte er dorthin fahren. Ganz einfach. Es war mehr oder weniger auf halber Strecke, als es anfing, ihm nicht mehr so ganz einfach vorzukommen. Tatsache war, daß ihm jene Musik nicht mehr aus dem Sinn gehen wollte. Und das Klavier, die Hände auf der Tastatur, das Köpfchen mit den rabenschwarzen Haaren, die ganze Erscheinung, alles eben. Das war etwas, was vom Teufel inszeniert zu sein schien, so perfekt war es gemacht. Oder vom Schicksal, sagte sich Bartleboom. Er begann, sich zu quälen, der Herr Professor, wegen dieser Geschichte mit den Zwillingsschwestern, die eine Malerin, die andere Pianistin, er fand sich nicht mehr zurecht, was ja auch verständlich ist. Je mehr Zeit verging, um so weniger sah er klar. Man könnte sagen, daß er mit jedem Kilometer, den er zurücklegte, einen Kilometer weniger klar sah. Schließlich beschloß er, sich eine Denkpause zu verordnen. In Pozel, sechs Kilometer vor Bad Hollen, stieg er aus. Und verbrachte dort die Nacht.

Am nächsten Morgen nahm er die Kutsche nach Hollenberg: Er hatte sich für die Pianistin entschieden. Sie ist begehrenswerter, dachte er. Beim zweiundzwanzigsten Kilometer angekommen, änderte er seine Meinung: genau gesagt in Bazel, wo er ausstieg und übernachtete. Am frühen Morgen machte er sich mit der Kutsche auf den Weg nach Bad Hollen – in seinem Innersten bereits verlobt mit Anna Ancher, der Malerin –, um dann in Suzer, einem zwei Kilometer von Pozel entfernten kleinen Dorf, anzuhalten, wo er sich definitiv darüber klar wurde, daß er, charakterlich gesprochen, besser zu Elisabeth, der Pianistin, paßte. In den darauffolgenden Tagen brachten ihn seine wankelmütigen Ortswechsel erneut nach Alzen, dann nach Tozer, von dort nach Balzen, anschließend zurück bis nach Fazel und von dort der Reihe nach nach Palzen, Rulzen, Alzen (zum drittenmal) und Colzen. Bei den Leuten der Gegend war die Überzeugung herangereift, er sei ein Inspektor irgendeines Ministeriums. Alle behandelten ihn sehr wohlwollend. Als er bei der dritten Durchreise in Alzen haltmachte, erwartete ihn gar ein Bürgerkomitee zur Begrüßung. Er maß dem keine große Bedeutung bei. Auf Formalitäten legte er keinen Wert. Bartleboom war ein einfacher Mann, ein Prachtstück von einem einfachen Mann. Und rechtschaffen. Wirklich wahr.

Wie dem auch sei.

Die Geschichte konnte nun nicht in alle Ewigkeit so weitergehen. Auch wenn sich die Bürgerschaft als liebenswürdig erwies. Früher oder später mußte es ein Ende nehmen. Das sah Bartleboom ein. Und nach zwölf Tagen leidenschaftlichen Schwankens zog er den passenden Anzug an und preschte entschlossen in Richtung Bad Hollen vor. Er hatte sich entschieden: Mit einer Malerin würde er zusammenleben. Er kam am Abend eines Feiertags an. Anna Ancher war nicht zu Hause. Sie würde aber in Kürze eintreffen. Ich warte, sagte er. Und machte es sich in einem kleinen Salon bequem. Da kam ihm ebenso urplötzlich wie blitzartig ein maßgebendes und gleichermaßen verheerendes Bild in den Kopf: seine Mahagonischachtel, wie sie schön glänzend auf dem Klavier im Hause Ancher lag. Er hatte sie dort vergessen. Derartige Dinge sind für gewöhnliche Menschen, wie zum Beispiel für mich, nur recht schwer zu begreifen, weil es um das Geheimnis hochgelehrter Geister geht, etwas, was nur sie selbst angeht, Räderwerke des Genius, fähig zu grandiosen Glanzleistungen und zu kolossalem Unfug. Bartleboom gehörte dieser Spezies an. Kolossaler Unfug manchmal. Jedenfalls verlor er nicht die Fassung. Er erhob sich, gab Bescheid, daß er später wiederkommen würde, und suchte Zuflucht in einem kleinen Hotel außerhalb der Stadt. Am nächsten Tag nahm er die Kutsche nach Hollenberg. Er hatte nunmehr eine gewisse Vertrautheit mit der Strecke, er war sozusagen im Begriff, ein echter Experte dafür zu werden. Falls es je an einer Universität einen Lehrstuhl für Studien über diese Strecke gegeben hätte, er hätte ihn bekommen, darauf kann man getrost wetten.

In Hollenberg ging alles glatt. Die Kassette war tatsächlich da.

»Ich hätte sie Ihnen gerne geschickt, aber ich hatte nicht die geringste Ahnung, wo ich Sie finden konnte«, sagte Elisabeth Ancher mit einer Stimme, die selbst einen Stocktauben betört hätte. Bartleboom wankte einen Augenblick, doch dann hatte er sich wieder im Griff.

»Nicht der Rede wert, es ist schon in Ordnung so.«

Er küßte ihr die Hand und verabschiedete sich. Die ganze Nacht über machte er kein Auge zu, doch am nächsten Morgen traf er pünktlich zur Abfahrt der ersten Kutsche nach Bad Hollen ein. Eine schöne Reise. An jeder Haltestelle allerseits Begrüßungen und Willkommensbekundungen. Die Leute begannen, ihn gern zu haben, so sind sie nun mal in der Gegend da, gesellige Menschen, die, ohne sich groß Fragen zu stellen, dir ihr Herz schenken. Wirklich wahr. Die Gegend ist zwar von einer schauderhaften Häßlichkeit, das muß man wohl sagen, doch die Menschen sind unübertrefflich, Menschen wie aus einer anderen Zeit. Wie dem auch sei.

Dank Gottes Beistand kam Bartleboom mitsamt seiner Mahagonikassette, den Briefen und so fort in Bad Hollen an. Er begab sich erneut zum Hause Anna Anchers und ließ sich anmelden. Die Malerin arbeitete an einem Stilleben: Äpfel, Birnen, Fasane und dergleichen, tote Fasane, wohlgemerkt, ein Stilleben eben. Sie hielt das Köpfchen leicht zur Seite geneigt. Die rabenschwarzen Haare umrahmten gefällig ihr Gesicht. Wenn auch noch ein Klavier dagewesen wäre, man hätte nicht den geringsten Zweifel gehegt, es handle sich um die andere, die aus Hollenberg. Indes war es die aus Bad Hollen. Zwei Wassertropfen, ich sag's ja. Ein Wunder, was die Natur fertigbringt, wenn sie es drauf anlegt. Unglaublich. Wirklich.

»Professor Bartleboom, welche Überraschung!« zwitscherte sie.

»Guten Tag, Fräulein Ancher«, antwortete er und fügte sogleich hinzu: »*Anna* Ancher, nicht wahr?«

»Ja, warum?«

Er wollte sichergehen, der Herr Professor. Man weiß ja nie.

»Was hat Sie hierhergeführt, um mich mit Ihrem Besuch zu beglücken?«

»Dies hier«, antwortete Bartleboom ernst, indem er die Mahagonikassette vor sie hinstellte und sie unter ihren Augen öffnete.

»Auf Sie habe ich gewartet, Anna. Jahrelang habe ich auf Sie gewartet.«

Die Malerin streckte die Hand aus und schloß die Kassette mit einem Ruck.

»Bevor wir unsere Unterhaltung fortführen, ist es angebracht, Sie von etwas in Kenntnis zu setzen, Professor Bartleboom.«

»Was immer Sie wollen, meine Angebetete.«

»Ich bin verlobt.«

»Ach was?«

»Vor sechs Tagen habe ich mich mit Leutnant Gallega verlobt.«

»Eine hervorragende Wahl.«

»Danke.«

Bartleboom ging im Geiste die sechs Tage zurück. Das war der Tag gewesen, an dem er, von Rulzen kommend, in Colzen ausgestiegen war, um nach Alzen zurückzufahren. In der Mitte seines Leidenswegs, mit einem Wort. Sechs Tage. Sechs elende Tage. Nebenbei bemerkt war dieser Gallega ein wahrer Parasit, wenn Sie verstehen, was ich meine, ein nichtssagendes Wesen und in gewisser Hinsicht sogar ein Schädling. Eine Zumutung. Ausgesprochen. Eine Zumutung.

»Möchten Sie, daß wir nun fortfahren?«

»Ich glaube, das ist nun nicht mehr angebracht«, antwortete Bartleboom und nahm seine Mahagonikassette wieder an sich.

Auf dem Weg, der ihn zu seinem Hotel zurückführte, bemühte sich der Professor, seine Lage kaltblütig zu analysieren, und kam zu dem Schluß, daß es zwei Möglichkeiten gab (wie man bemerkt haben wird, kommt dieser Sachverhalt mit einer gewissen Häufigkeit vor, da es im allgemeinen zwei und nur selten auch drei Möglichkeiten gibt): Entweder war dies nur ein bedauerlicher Stolperstein, und in dem Fall mußte er den oben erwähnten Leutnant Gallega zum Duell herausfordern und ihn aus dem Weg räumen. Oder aber es handelte sich um einen deutlichen Wink des Schicksals, eines großmütigen Schicksals, und in dem Fall mußte er schnellstens nach Hollenberg zurückkehren und Elisabeth Ancher, die unvergessene Pianistin, heiraten.

Um es einmal klar auszudrücken, Bartleboom haßte Duelle. Er konnte sie auf den Tod nicht leiden.

»Tote Fasane«, dachte er mit einem gewissen Abscheu. Und beschloß abzureisen. Am Morgen saß er auf seinem Platz in der ersten Kutsche und schlug noch einmal die Straße nach Hollenberg ein. Er war in heiterer Stimmung und nahm mit wohlwollender Aufmerksamkeit die Kundgebungen freudiger Zuneigung auf, die ihm von Ort zu Ort die Bevölkerung der Dörfer Pozel, Colzen, Tozer, Rulzen, Palzen, Alzen, Balzen und Fazel entgegenbrachte. Sympathische Menschen, wie schon gesagt. Zur Abenddämmerung erschien er, untadelig gekleidet, mitsamt seiner Mahagonikassette im Hause Ancher.

»Das Fräulein Elisabeth, bitte«, sagte er mit einer gewissen Feierlichkeit zu dem Diener, der ihm die Tür öffnete.

»Sie ist nicht da, mein Herr. Sie ist heute morgen nach Bad Hollen gefahren.«

Unfaßbar.

Ein Mann mit anderer moralischer und kultureller Bildung hätte womöglich von vorn angefangen und die erste Kutsche genommen, die nach Bad Hollen fuhr. Ein Mann mit geringerer psychischer und nervlicher Stärke hätte sich vielleicht hinreißen lassen, der endgültigen und unheilbaren Verzagtheit auf roheste Weise Ausdruck zu verleihen. Bartleboom jedoch war ein rechtschaffener und gerechter Mann, einer von denen, die einen gewissen Stil an den Tag legen, wenn es darum geht, die Launen des Schicksals hinzunehmen.

Er, Bartleboom, begann zu lachen.

Und zwar sich totzulachen, geradezu aus vollem Halse, er bog sich vor Lachen, war durch gar nichts mehr zu bremsen, mit Tränen und allem, was dazugehört, ein Schauspiel, ein babylonisches, ozeanisches, apokalyptisches Gelächter, das gar nicht mehr enden wollte. Die Diener im Hause Ancher wußten nicht, was sie tun sollten, es gab kein Mittel, ihn zum Aufhören zu bewegen, weder im Guten noch im Bösen, er platzte schier vor Lachen, eine verwirrende Angelegenheit, die zudem auch noch ansteckend wirkte; wie man weiß, fängt einer an, und alle anderen tun es ihm nach, das ist das Gesetz des Lachkrampfes, es ist wie die Pestilenz, man will ernst bleiben und bringt es nicht fertig, es ist unumgänglich, da kann man nichts machen, und so gaben die Diener einer nach dem anderen nach, obwohl sie eigentlich nichts zu lachen und im Gegenteil Anlaß genug hatten, sich angesichts der peinlichen, wenn nicht gar dramatischen Situation Sorgen zu machen, aber sie konnten nicht widerstehen, und einer nach dem anderen lachten sie wie die Irrsinnigen, zum Sich-in-die-Hose-Machen, wenn Sie verstehen, was ich meine, zum Sich-in-die-Hose-Machen, wenn sie nicht acht-gaben. Schließlich legten sie ihn zu Bett. Aber er lachte sogar in der Horizontale weiter, und mit welcher Begei-sterung, in welchem Ausmaß, ein wahrer Ausbund an Gelächter unter Glucksen, Tränen und Erstickungs-anfällen, aber unbändig, ein wahrer Ausbund. Andert-halb Stunden später lachte er immer noch. Und er hatte nicht eine Sekunde damit aufgehört. Die Diener waren inzwischen am Ende ihrer Kräfte, sie liefen aus dem Haus, um dieses lachhafte, ansteckende Geschluchze nicht mehr anhören zu müssen, sie suchten das Weite, denn ihre Gedärme krümmten sich schon im Schmerz vor lauter Gelächter, sie versuchten, sich zu retten, man kann sie gut verstehen, es ging beinahe schon um Leben und Tod. Einfach unglaublich. Dann, auf einmal, hörte Bartleboom ohne Vorankündigung auf, als hätte er eine Ladehemmung, wurde unvermittelt ernst, schaute sich um, hatte den Diener im Blick, der ihm zufällig am nächsten war, und sagte völlig ernst zu ihm:

»Haben Sie eine Mahagonikassette gesehen?«

Dem schien es kaum wahr zu sein, daß er sich nütz-lich machen konnte, bloß damit jener endlich aufhörte.

»Hier ist sie, Herr Bartleboom.«

»Schon gut, ich schenk' sie Ihnen«, sagte Bartleboom und fing aufs neue an mit dem Gepruste, wie ein Verrückter, als hätte er einen unwiderstehlichen Witz gerissen, den schönsten seines Lebens, den größten, den witzigsten aller Witze, sozusagen. Von da an hörte er nicht mehr auf.

Die ganze Nacht verbrachte er unter großem Gelächter. Abgesehen von den Dienern im Hause Ancher, die nun mit Watte in den Ohren herumliefen, war es auch für das ganze Städtchen, das friedliche Hollenberg, eine lästige Angelegenheit, weil Bartlebooms Gelächter die eigentlichen Grenzen des Hauses wohl überwand und sich in der nächtlichen Stille ausbreitete, daß es nur so eine Freude war. Von Schlaf konnte keine Rede sein. Es war schon viel, wenn man ernst bleiben konnte. Und anfangs schaffte man es auch, ernst zu bleiben, vor allem, wenn man die Irritation wegen der Ruhestörung bedachte, aber dann ging der gesunde Menschenverstand schnell baden, und der Bazillus des Lachkrampfes breitete sich unaufhaltsam aus, befiel alle ohne Ausnahme, Männer und Frauen, nicht zu reden von den Kindern, wirklich alle. Wie eine Epidemie. Da gab es Häuser, in denen seit Monaten nicht mehr gelacht wurde, in denen man sich nicht einmal erinnerte, wie das ging. Leute, die tief in ihren Groll versunken waren und in ihr Elend. Den Luxus eines Lächelns hatten sie sich seit Monaten nicht gegönnt. Und in jener Nacht lachten sie hemmungslos, allesamt, daß sich die Bäuche bogen, noch nie hatte es so etwas gegeben; nachdem die Maske ihres unaufhörlichen Griesgrams gefallen war, erkannten sie sich kaum wieder, als sie sich gegenseitig offen ins Gesicht lachten. Eine Offenbarung. Da wurde die Freude am Leben zurückgewonnen, da sah man, wie eines nach dem anderen die Lichter wieder angezündet wurden in dem Städtchen, und man hörte, wie die Häuser vor lauter Lachen einkrachten, ohne daß es eigentlich etwas zum Lachen gab, sondern einfach so, wundersam, als sei gerade in jener Nacht das Faß der kollektiven und einhelligen Ergebenheit übergelaufen und wäre zum Wohl jeglichen Elends in hochheilige Flüsse voller maßlosem Gelächter in die gesamte Stadt ausgelaufen. Ein Konzert, das zu Herzen ging. Etwas Wunderbares. Und er, Bartleboom, dirigierte den Chor. Das war sozusagen seine Stunde. Und er dirigierte meisterhaft. Eine denkwürdige Nacht, sage ich Ihnen. Fragen Sie nach. Ein Feigling, der nicht zugeben wollte, daß es eine denkwürdige Nacht war.

Wie dem auch sei.

Gegen Tagesanbruch beruhigte er sich, ich meine, Bartleboom. Und dann allmählich auch das ganze Städtchen. Sie hörten erst allmählich und dann endgültig auf zu lachen. Wie es angefangen hatte, so hörte es auch wieder auf. Bartleboom bat, ihm etwas zu essen zu geben. Das Unternehmen hatte ihm, wie man verstehen wird, großen Hunger verursacht, schließlich ist es keine Kleinigkeit, die ganze Zeit über zu lachen, noch dazu mit solcher Begeisterung. Was die Gesundheit betraf, so hatte er anscheinend im Überfluß davon.

»Nie ging es mir besser«, bestätigte er einer Delegation von Bürgern, die, irgendwie dankbar und jedenfalls neugierig geworden, kamen, um sich nach seinem Zustand zu erkundigen. Bartleboom hatte in der Tat neue Freunde gewonnen. Offensichtlich war es sein Schicksal, daß er in der Gegend dort mit den Menschen so gut zurecht kam. Mit den Frauen ging es schief, das stimmt wohl, aber was die Leute betraf, so schien es, als wäre er für die Gegend dort wie geschaffen. Jedenfalls stand er auf, verabschiedete sich von allen und schickte sich an, seine Reise wiederaufzunehmen. In dieser Hinsicht hatte er einen präzisen Plan.

»Wie komme ich in die Hauptstadt?«

»Da müßten Sie nach Bad Hollen zurückkehren, mein Herr, und von dort aus nehmen Sie...«

»Das kommt überhaupt nicht in Frage«, und er fuhr mit der Kalesche eines Nachbarn, der Schmied war, ein Talent in seiner Branche, ein wahres Talent, in entgegengesetzter Richtung davon. Die Nacht hatte der Schmied damit zugebracht, sich vor Lachen auszuschütten. Er hatte also gewissermaßen eine Dankesschuld abzutragen. An dem Tag schloß er seine Werkstatt und brachte Bartleboom weg aus der besagten Gegend, weg von den Erinnerungen und von allem, zum Teufel, nie mehr wollte er dahin zurückkehren, der Professor, sie war vorbei, diese Geschichte, ob sie nun gut oder schlecht ausgegangen war, sie war zu Ende, ein für allemal, Herrgott Sakrament. Vorbei.

So.

Danach hat Bartleboom es nicht mehr versucht. Sich zu verheiraten. Er sagte, die Zeiten seien vorbei, aus und vorbei. Ich glaube, daß er wohl ein wenig darunter litt, aber er ließ es sich nicht anmerken, dafür war er nicht der Typ, seine Kümmernisse behielt er für sich und war fähig, darüber hinwegzugehen. Er war eben einer von denen, die eine heitere Anschauung vom Leben haben. Einer in Frieden mit sich selbst, wenn Sie verstehen, was ich meine. In den sieben Jahren, in denen er hier unter uns gewohnt hat, war es immer ein Vergnügen, ihn hier zu haben, unter uns und oft auch bei uns wie ein Familienmitglied, und in einem gewissen Sinne war er das auch. Hinzu kommt, daß er auch in einem völlig anderen Stadtviertel hätte wohnen können, mit all dem Geld, das er in der letzten Zeit bekam, Erbschaften, damit wir uns recht verstehen, seine Tanten, die eine nach der anderen fielen wie reife Äpfel, mögen sie ruhen in Frieden, die ganze Prozession von Notaren, ein Testament nach dem anderen, und alle füllten wohl oder übel Bartlebooms Taschen mit barem Geld. Folglich hätte er, wenn er gewollt hätte, ganz woanders wohnen können. Aber er blieb hier. Er sagte, daß er sich wohl fühlte in unserem Viertel. Er wußte die Dinge zu würdigen, sozusagen. Auch daran erkennt man einen Menschen.

An seiner Enzyklopädie der Grenzen undsoweiterundsofort arbeitete er bis zuletzt weiter. Er hatte gerade angefangen, sie neu zu schreiben. Er sagte, die Wissenschaft mache Riesenschritte vorwärts und man fände deshalb nie ein Ende mit Aktualisieren, Spezifizieren, Korrigieren und Nachfeilen. Der Gedanke, daß die Enzyklopädie über die Grenzen letztendlich zu einem Buch werden würde, das niemals fertig wurde, faszinierte ihn. Ein unendliches Buch. Es war schon eine tolle Absurdität, wenn man es recht bedenkt, und er lachte darüber, er erklärte es mir wieder und wieder, selbst erstaunt und sogar belustigt. Ein anderer hätte womöglich darunter gelitten. Aber er war, wie gesagt, fürs Wehklagen nicht geschaffen. Er war ein Heiterer.

Es versteht sich von selbst, daß er auch das Sterben auf seine Weise erledigt hat. Dezent, ohne großes Aufsehen. Eines Tages legte er sich ins Bett, es ging ihm nicht gut, und eine Woche später war alles vorbei. Man merkte gar nicht recht, ob er in jenen Tagen litt oder nicht, ich fragte ihn danach, aber ihm war nur daran gelegen, daß wir nicht traurig wurden, wir alle, wegen einer solchen Geringfügigkeit. Ihm war es unangenehm, jemanden zu belästigen. Nur einmal bat er mich um den Gefallen, eines von den Bildern seines Malerfreundes, das an der Wand hing, direkt vor sein Bett zu postieren. Auch das war eine unglaubliche Geschichte, die Geschichte von der Sammlung der Plassons. Fast alle weiß, wenn Sie mir glauben wollen. Aber er hing sehr daran. Auch das, was ich damals vor seinem Bett aufhängte, war ganz weiß, vollständig weiß, er suchte sich unter allen dieses aus, und ich hängte es ihm so hin, daß er es vom Bett aus gut sehen konnte. Es war weiß, ich schwör's. Aber er schaute es an, wieder und wieder, er wendete es sozusagen in seinen Augen hin und her.

»Das Meer...«, sagte er leise.

Er starb an einem Morgen. Er schloß die Augen und machte sie nicht mehr auf. Ganz einfach.

Ich weiß nicht. Es gibt Menschen, die sterben, und bei allem Respekt ist es kein Verlust. Aber er war einer von denen, bei denen du es spürst, wenn sie nicht mehr da sind. Als ob die ganze Welt von einem Tag zum anderen ein wenig schwerer wiegen würde. Kann gut sein, daß dieser Planet und alles andere sich nur deshalb in der Luft halten kann, weil viele Bartlebooms darauf verstreut sind, die dafür sorgen, daß er oben bleibt. Mit ihrer Leichtigkeit. Nicht, daß sie wie Helden aussähen, aber trotzdem sind sie es, die dafür sorgen, daß alles weiterläuft. So sind sie. Bartleboom war so einer.

Zum Beispiel: er war einer, der es fertigbrachte, sich an irgendeinem beliebigen Tag auf der Straße bei dir unterzuhaken und dir in aller Heimlichkeit zu sagen:

»Ich hab' schon mal Engel gesehen. Am Ufer des Meeres.«

Dabei glaubte er gar nicht an Gott, er war Wissenschaftler und nicht allzu empfänglich für die Dinge der Kirche, wenn Sie verstehen, was ich meine. Trotzdem hatte er Engel gesehen. Und sagte es einem auch. Er hakte dich unter, an irgendeinem Tag auf der Straße, und mit Verwunderung in den Augen sagte er es dir.

»Ich hab' schon mal Engel gesehen.«

Mußte man so einen nicht einfach gern haben?

6. Savigny

»Sie verlassen uns also, Doktor Savigny...«

»Jawohl.«

»Und Sie haben sich entschlossen, nach Frankreich zurückzukehren.«

»Ja.«

»Es wird nicht leicht für Sie werden... ich meine, die Neugier der Leute, die Zeitungen, die Politiker... Ich fürchte, daß eine wahre Jagd nach den Überlebenden auf dem Floß von damals ausgebrochen ist...«

»Davon habe ich gehört.«

»Es ist beinahe schon eine Angelegenheit der Nation geworden. So was kann passieren, wenn die Politik sich einmischt...«

»Früher oder später wird die Geschichte bei allen in Vergessenheit geraten sein, Sie werden sehen.«

»Daran zweifle ich nicht, lieber Savigny. Nehmen Sie: das sind die Dokumente für Ihre Einschiffung.«

»Ich verdanke Ihnen viel, Herr Stabsarzt.«

»Sagen Sie das nicht.«

»Und was Ihren Doktor betrifft, so verdanke ich ihm vielleicht mein Leben... er hat wahre Wunder vollbracht.«

»Savigny, wenn wir anfangen wollen, die Wunder in dieser Geschichte zu zählen, werden wir gar nicht mehr damit aufhören. Gehen Sie. Das Glück sei mit Ihnen.«

»Danke, Herr Stabsarzt... Ach, eines noch.«

»Sprechen Sie.«

»Der... der Steuermann... Thomas... man sagt, er sei aus dem Krankenhaus entflohen...«

»Ja, eine merkwürdige Geschichte. Gewiß, hier könnte so etwas nicht passieren, aber im Zivilkrankenhaus, Sie können sich unschwer vorstellen, was da...«

»Hat man noch etwas von ihm gehört?«

»Nein, bis jetzt nicht. Aber in dem Zustand, in dem er sich befand, kann er nicht sehr weit gekommen sein. Leicht möglich, daß er irgendwo gestorben ist...«

»Gestorben?«

»Nun, das ist das mindeste, das einem in den Sinn kommt bei einem, der... oh, verzeihen Sie mir: war er vielleicht ein Freund von Ihnen?«

»Das wird nicht schwer sein, Savigny, Sie brauchen nur zu wiederholen, was Sie in Ihrem Bericht niedergeschrieben haben. Apropos, Sie haben sicher eine Menge Geld damit verdient, was? Mit dem Büchlein... in den Salons wird nichts anderes mehr gelesen.«

»Ich habe Sie gefragt, ob es wirklich notwendig ist, daß ich im Gerichtssaal zugegen bin.«

»Ach nein, notwendig wäre es eigentlich nicht, aber dies ist ein Scheißprozeß, die Augen des ganzen Landes sind auf uns gerichtet, wie kann man da gute Arbeit leisten... alles streng nach dem Gesetz, einfach absurd...«

»Chaumareys wird ebenfalls anwesend sein...«

»Sicher wird er dabei sein... er will sich selbst verteidigen... aber er hat keine einzige Möglichkeit, null, die Leute wollen seinen Kopf, und sie sollen ihn haben.«

»Es war nicht allein seine Schuld.«

»Das hat überhaupt nichts zu sagen, Savigny. Er war der Kapitän. Er hat die *Alliance* ins seichte Wasser gefahren, er hat beschlossen, das Schiff zu verlassen, und zum guten Schluß war er es wieder, der Sie alle in dieser höllischen Mausefalle sich selbst überlassen hat...«

»Schon gut, schon gut, lassen wir das. Wir sehen uns im Gerichtssaal.«

»Da wäre noch etwas...«

»Lassen Sie mich gehen, Parpeil.«

»*Advokat* Parpeil, danke schön.«

»Leben Sie wohl.«

»Nein, Sie können jetzt nicht einfach fortgehen.«

»Was ist denn noch?«

»Ach, etwas Leidiges... eine Belanglosigkeit, aber wissen Sie, es ist besser, man ist vorsichtig... also, es geht das Gerücht... wie es scheint, hat jemand ein... nennen wir es ein Tagebuch, geschrieben, eine Art Tagebuch über die Tage auf dem Floß... es soll sich um einen Seemann handeln, was schon genügend aussagt über die Seriosität der Angelegenheit... stellen Sie sich einen Seemann vor, der *schreibt*, eine Absurdität, zweifellos, aber immerhin scheint es so, daß einer der Überlebenden...«

»Thomas. Thomas konnte schreiben.«

»Bitte?«

»Nein, nichts.«

»Gut und schön, in diesem Tagebuch sollen Dinge stehen... die irgendwie... sagen wir, peinlich sind... mit anderen Worten wird die Geschichte da etwas anders dargestellt, als Sie und die anderen sie wiedergegeben haben...«

»Er las auch. Bücher. Er konnte lesen und schreiben.«

»Herrgott noch mal, wollen Sie mir gefälligst zuhören?«

»Ja?«

»Versuchen Sie, mich zu verstehen, es bedarf nur einer Kleinigkeit, um eine Verleumdung heraufzubeschwören... was Ihren Ruin bedeuten könnte... ich frage mich also, ob Sie im Falle eines Falles bereit wären, eine gewisse Geldsumme einzusetzen, Sie verstehen mich, es gibt keinen anderen Weg, um sich vor Verleumdungen zu schützen, und andererseits ist es besser, die Sache abzuwürgen, bevor... Savigny! Wo, zum Teufel, gehen Sie hin? Savigny! Schauen Sie, es ist überhaupt nicht angebracht, beleidigt zu sein, ich habe das nur zu Ihrem Besten gesagt, schließlich bin ich vom Fach...«

»Ihre Aussage war sehr wertvoll, Doktor Savigny. Das Gericht dankt Ihnen und bittet Sie, sich zu setzen.«

»...«

»Doktor Savigny...«

»Ja, Verzeihung, ich wollte...«

»Haben Sie noch etwas hinzuzufügen?«

»Nein... oder vielmehr... eines nur... Ich wollte sagen, daß... das Meer etwas anderes ist... man kann nicht beurteilen, was da drinnen geschieht... das Meer ist etwas anderes.«

»Doktor, Sie stehen hier vor einem Gericht der königlichen Marine: Es weiß sehr gut, was das Meer ist.«

»Glauben Sie?«

»Glauben Sie mir, es war sehr aufregend für mich, Ihr entzückendes Büchlein zu lesen, eine zu große Aufregung gar für eine alte Dame wie mich…«

»Marquise, was sagen Sie denn da…«

»Es ist die Wahrheit, Doktor Savigny, das Buch ist so… wie soll ich sagen… derart realistisch, genau, ich las es, und mir war, als wäre ich dort auf dem Floß, mitten im Meer, es ließ mich schaudern…«

»Sie schmeicheln mir, Marquise.«

»Nein, nein, das Buch ist wirklich…«

»Guten Tag, Doktor Savigny.«

»Adele…«

»Adele, meine Tochter, man läßt einen so beschäftigten Mann wie Doktor Savigny nicht so lange warten…«

»Oh, ich bin sicher, du hast ihn mit tausend Fragen über seine Abenteuer gequält, stimmt's, Savigny?«

»Es ist ein Vergnügen, sich mit Ihrer Mutter zu unterhalten.«

»Es fehlte nicht viel, und der Tee wäre kalt geworden.«

»Sie sind hinreißend, Adele.«

»Danke.«

»Noch eine Tasse, Doktor?«

»Hatte er dunkle Augen?«

»Ja.«

»Großgewachsen, schwarze, glatte Haare…«

»Im Nacken zusammengebunden, mein Herr.«

»Ein Seemann?«

»Das könnte sein. Aber er war… normal gekleidet, beinahe elegant.«

»Und er hat seinen Namen nicht genannt.«

»Nein. Er hat nur gesagt, daß er wiederkommt.«

»Daß er wiederkommt?«

»Wir haben ihn in einem Gasthaus am Fluß aufgegriffen… durch Zufall… wir suchten zwei Deserteure und sind so auf ihn gestoßen… er sagt, er heißt Philippe.«

»Und er hat nicht zu fliehen versucht?«

»Nein. Er hat protestiert, er wollte wissen, warum wir ihn mitnahmen… das übliche… Hier entlang, Savigny.«

»Und was habt ihr ihm gesagt?«

»Nichts. Die Polizei ist nicht verpflichtet zu erklären, warum sie einen ins Gefängnis wirft in diesen Zeiten. Sicher, wir können ihn nicht lange festhalten, wenn wir keinen triftigen Grund dafür finden… aber das werden Sie schon besorgen, nicht wahr?«

»Gewiß.«

»Also, kommen Sie. Nein, beugen Sie sich nicht so weit vor. Dort ist er, sehen Sie ihn? Der vorletzte in der Reihe.«

»Der, der an der Wand lehnt…«

»Ja. Ist er es?«

»Ich fürchte, nein.«

»Nein?«

»Nein, tut mir leid.«

»Aber die Beschreibung paßt, er sieht genauso aus.«

»Er sieht genauso aus, aber er ist es nicht.«

»Savigny... hören Sie mal gut zu... Von mir aus - können Sie ein Held des Reiches sein, von mir aus können Sie auch mit allen Ministern dieser Welt befreundet sein, aber der da unten ist nun schon der vierte, den...«

»Schon gut. Sie haben sich große Mühe gegeben.«

»Nein, hören Sie mir zu. Wir werden ihn niemals finden, den Mann, und wissen Sie auch, warum? Weil der Mann tot ist. Er ist aus einem abgetakelten Krankenhaus in einem dreckigen Winkel Afrikas abgehauen, hat ein paar Kilometer durch irgendeine höllische Wüste zurückgelegt, und dort hat er sich von der Sonne rösten lassen, bis er daran krepiert ist. Ende. Dieser Mann ist jetzt auf der anderen Seite der Welt und düngt einen Sandhaufen.«

»Dieser Mann hält sich jetzt in dieser Stadt auf und ist kurz davor, mich zu kriegen. Sehen Sie hier.«

»Ein Brief?«

»Vor zwei Tagen hat ihn jemand vor meine Haustür gelegt. Lesen Sie, lesen Sie nur...«

»Ein Satz nur...«

»Aber ein sehr deutlicher, nicht?«

»*Thomas* ...«

»Thomas. Sie haben recht, Pastor. Sie werden ihn niemals finden, diesen Mann. Aber nicht, weil er tot ist. Weil er *lebt*. Er ist lebendiger als Sie und ich zusammen. Er ist so lebendig, wie es jagende Tiere sind.«

»Savigny, ich versichere Ihnen, daß …«

»Er ist lebendig. Und im Gegensatz zu mir hat er gute Gründe, es zu bleiben.«

»Aber das ich doch Irrsinn, Savigny. Ein brillanter Arzt wie Sie, eine Berühmtheit, jetzt … gerade jetzt, da die Türen der Akademie Ihnen weit offen stehen … Sie wissen genau, daß Ihre Forschung über die Auswirkungen von Hunger und Durst … nun ja, wenn ich selbst sie auch als eine mehr romanhafte als eine wissenschaftliche Arbeit beurteile …«

»Baron …«

»… so hat sie meine Kollegen doch sehr beeindruckt, und ich freue mich ganz besonders für Sie, die Akademie verneigt sich vor Ihrem Charme und … auch vor Ihren … schmerzlichen Erfahrungen … das kann ich verstehen … was ich aber nicht im geringsten verstehen kann, ist, warum Sie sich ausgerechnet jetzt in den Kopf gesetzt haben, sich in einem verlassenen Loch in der Provinz zu verstecken, um, hört, hört, den *Landarzt* abzugeben, ist das richtig so?«

»Ja, Baron.«

»Ach ja, herzliche Gratulation … es gibt keinen Arzt in der Stadt, der nicht sonst was darum gäbe, was sage ich, der nicht davon träumte, Ihren Namen zu tragen und Ihre brillante Zukunft vor sich zu haben, und was beschließen Sie? In einem Dorf zu praktizieren … welches Dorf wäre das eigentlich?«

»Auf dem Land.«

»Das habe ich bereits verstanden, aber wo?«

»Weit weg.«

»Soll ich daraus schließen, daß man nicht wissen darf, wo?«

»Das wäre mein Wunsch, Baron.«

»Absurd. Sie verhalten sich schmählich, Savigny, unter aller Kritik, unvernünftig, verwerflich. Ich kann keine plausible Rechtfertigung für Ihr unverzeihliches Verhalten finden und... und... ich kann mir nichts anderes denken als dies: Sie sind verrückt!«

»Es ist umgekehrt: Ich will es nicht werden, Baron.«

»Da... das da ist Charbonne... Sehen Sie dort unten?«

»Ja.«

»Ein schönes Städtchen. Sie werden sich wohl fühlen.«

»Ja.«

»Hoch mit Ihnen, Doktor... so. Halten Sie das einen Augenblick, so... Sie haben die ganze Nacht phantasiert, Sie müssen etwas unternehmen...«

»Ich habe dir doch gesagt, daß du nicht hierzubleiben brauchtest, Marie.«

»Was machen Sie da?... Sie wollen doch wohl nicht aufstehen...«

»Sicher will ich aufstehen...«

»Aber Sie können doch nicht...«

»Marie, der Doktor bin ich.«

»Ja, aber Sie haben sich diese Nacht nicht erlebt... es ging Ihnen wirklich schlecht, Sie schienen verrückt zu sein, Sie sprachen mit Gespenstern, und Sie schrien …«

»Ich habe geschrien?«

»Sie haderten mit dem Meer.«

»Ohhh, schon wieder?«

»Sie haben böse Erinnerungen, Doktor. Und böse Erinnerungen verderben das Leben.«

»Es ist ein böses Leben, Marie, das die Erinnerung verdirbt.«

»Aber Sie sind nicht böse.«

»Ich habe Dinge getan, da unten. Und die waren grauenhaft.«

»Warum?«

»Sie waren grauenhaft. Niemand könnte sie verzeihen. Niemand hat sie mir verziehen.«

»Sie sollten nicht mehr daran denken …«

»Und noch grauenhafter ist dieses: Ich weiß, daß ich, wenn ich heute dahin zurückkehren müßte, die gleichen Dinge wieder tun würde.«

»Hören Sie auf, Doktor …«

»Ich weiß, daß ich die gleichen, identischen Dinge wieder tun würde. Ist das etwa nicht abscheulich?«

»Doktor, ich bitte Sie …«

»Ist das nicht abscheulich?«

»Die Nächte werden langsam wieder kühler …«

»Ja.«

»Ich würde Sie gern nach Hause begleiten, Doktor, aber ich will meine Frau nicht allein lassen …«

»Nein, machen Sie sich nur keine Umstände.«

»Aber … ich möchte, daß Sie wissen, daß es mir großes Vergnügen bereitet, mich mit Ihnen zu unterhalten.«

»Ganz meinerseits.«

»Wissen Sie, als Sie vor einem Jahr hier eintrafen, sagte man, Sie seien …«

»… ein hochmütiger, aufgeblasener Arzt aus der Hauptstadt …«

»Ja, mehr oder weniger. Die Leute hier sind mißtrauisch. Bisweilen kommen sie zu merkwürdigen Vorurteilen.«

»Wissen Sie, was sie mir über Sie sagten?«

»Daß ich reich sei.«

»Ja.«

»Und schweigsam.«

»Ja. Aber auch, daß Sie ein guter Mensch seien.«

»Ich hab's Ihnen ja gesagt: Die Leute hier kommen zu merkwürdigen Vorurteilen.«

»Es ist seltsam. Zu denken, daß ich hier bin. Für einen wie mich … ein aufgeblasener Arzt aus der Hauptstadt … Zu denken, daß ich hier alt werde.«

»Sie scheinen mir noch ein wenig zu jung, um darüber nachzudenken, wo Sie alt werden wollen, finden Sie nicht?«

»Vielleicht haben Sie recht. Aber hier ist man dermaßen weit weg von allem … Ich frage mich, ob es je etwas geben wird, das mich von hier fortbringen kann.«

»Denken Sie nicht darüber nach. Falls es so kommt, dann ist es sicher etwas Schönes. Und wenn nicht, wird sich dieses Städtchen glücklich schätzen, Sie zu behalten.«

»Es ist eine Ehre, wenn einem der Bürgermeister persönlich so etwas sagt ...«

»Ach, erinnern Sie mich nicht daran, ich bitte Sie ...«

»Jetzt muß ich aber wirklich gehen.«

»Ja. Aber kommen Sie wieder, wann immer Sie wollen. Es wird mir eine Freude sein. Und auch meine Frau wird darüber sehr glücklich sein.«

»Seien Sie dessen versichert.«

»Dann gute Nacht, Doktor Savigny.«

»Gute Nacht, Herr Deverià.«

7. Adams

Nach Sonnenuntergang blieb er noch stundenlang wach. Die letzte unschuldige Zeit eines ganzen Lebens.

Dann verließ er sein Zimmer, ging lautlos den Korridor hinauf und blieb vor dem letzten Zimmer stehen. Keine Schlüssel in der Pension Almayer.

Eine Hand lag auf der Türklinke, die andere trug einen kleinen Kerzenleuchter. Augenblicke wie Nadeln. Die Tür ging geräuschlos auf. Stille und Dunkelheit im Zimmer.

Er trat ein, stellte den Kerzenleuchter auf den Schreibtisch und schloß die Tür hinter sich. Das Einrasten des Schlosses schallte durch die Nacht: Im Halbschatten bewegte sich etwas in den Laken.

Er ging auf das Bett zu und sagte:

»Es ist aus, Savigny.«

Ein Satz wie ein Säbelhieb. Savigny fuhr, von einem Schreckensschauer aufgepeitscht, im Bett hoch. Seine Augen spähten in das schwache Licht der wenigen Kerzen, er sah die glänzende Klinge eines Messers und das regungslose Gesicht eines Mannes, das er jahrelang versucht hatte zu vergessen.

»Thomas…«

Ann Deverià schaute ihn verwirrt an. Sie stützte einen Arm auf, warf einen Blick in den Raum, begriff nicht, suchte erneut das Gesicht ihres Liebhabers, glitt an seine Seite.

»Was ist hier los, André?«

Er schaute weiter entsetzt vor sich.

»Thomas, halt ein, du bist wahnsinnig…«

Aber er hielt nicht inne. Er kam ganz nah an das Bett, hob das Messer und stieß es mit Macht nieder, einmal, zweimal, dreimal. Die Laken tränkten sich mit Blut.

Ann Deverià hatte nicht einmal die Zeit aufzuschreien. Sie starrte verwundert auf die dunkle Flut, die sich über ihr ausbreitete, und fühlte, wie das Leben mit einer Geschwindigkeit aus ihrem offenen Körper glitt, die ihr nicht einmal Zeit zu einem Gedanken ließ. Mit aufgerissenen Augen sank sie zurück und sah nichts mehr.

Savigny bebte. Überall war Blut. Und eine unsinnige Stille. Die Pension Almayer ruhte. Regungslos.

»Steh auf, Savigny. Und nimm sie auf die Arme.«

Thomas' Stimme klang unerbittlich gelassen. Es war noch nicht zu Ende, nein.

Savigny bewegte sich wie in Trance. Er stand auf, hob Ann Deveriàs Körper auf und ließ sich, ihn auf den Armen tragend, aus dem Zimmer schleifen. Er brachte kein einziges Wort heraus. Er konnte nichts mehr sehen und auch nichts mehr denken. Er bebte nur noch.

Seltsamer kleiner Umzug. Der wunderschöne Körper einer Frau wie in einer Prozession getragen. Ein lebloses blutiges Bündel in den Armen eines Mannes, der sich zitternd vorwärtsschleppt, gefolgt von einem gleichmütigen Schatten mit Messer in der Faust. So durchschritten sie die Pension und traten zur Strandseite hinaus. Ein Schritt nach dem anderen durch den

Sand bis zum Meeresufer. Hinter ihnen eine Blutspur. Auf ihnen ein wenig Mondschein.

»Nicht stehenbleiben, Savigny.«

Taumelnd setzte er seine Füße ins Meer. Er spürte das Messer in seinem Rücken und auf seinen Armen ein Gewicht, das ihm tonnenschwer vorkam. Wie eine Marionette schleppte er sich ein paar Meter voran. Die Stimme gebot ihm stehenzubleiben.

»Hör es dir an, Savigny. Das ist das Geräusch des Meeres. Dieses Geräusch und das Gewicht auf deinen Armen sollen dich für den Rest deines Lebens verfolgen.«

Er sprach gemessen, ohne Gefühlsregung und mit einem Anflug von Müdigkeit. Dann ließ er das Messer ins Wasser fallen, drehte sich um und kehrte auf den Strand zurück. Er schritt darüber hin und folgte den vom Sand aufgesogenen dunklen Flecken. Er ging langsam, er hatte keine Gedanken mehr und keine Geschichte.

Wie angenagelt auf der Schwelle zum Meer, während die Wellen ihm die Füße umschäumten, blieb Savigny, zu keiner Geste fähig, regungslos stehen. Er bebte. Und er weinte. Eine Larve, ein Kind, ein Wrack. Blut und Tränen rannen an ihm herunter: das Wachs einer Kerze, die niemand mehr auslöschen würde.

Adams wurde auf dem Platz von Saint Amand im Morgengrauen des letzten Apriltages gehängt. Es regnete stark, dennoch waren viele aus ihren Häusern gekommen, um sich an dem Schauspiel zu ergötzen. Er wurde noch am selben Tag begraben. Niemand weiß, wo.

8. Das siebte Zimmer

Die Tür ging auf, und aus dem siebten Zimmer trat ein Mann. Einen Schritt vor der Schwelle blieb er stehen und schaute sich nach allen Seiten um. Die Pension schien verlassen. Kein Geräusch, keine Stimme, nichts. Durch die Fensterchen des Korridors schien die Sonne herein, durchschnitt den Halbschatten und warf kleine Ausschnitte des klaren und lichten Morgens auf die Wände.

In dem Zimmer war alles mit eifriger, doch rascher Sorgfalt aufgeräumt worden. Ein gepackter, noch offener Koffer auf dem Bett. Stapel von Papier auf dem Schreibtisch, Federhalter, Bücher, eine ausgelöschte Lampe. Zwei Teller und ein Glas auf dem Fensterbrett. Schmutzig, aber ordentlich. Der Teppich auf dem Boden hatte ein großes Eselsohr, als hätte jemand ein Lesezeichen an der Stelle angebracht, um eines Tages darauf zurückzukommen. Im Sessel lag eine große Decke, mehr schlecht als recht zusammengefaltet. An der Wand sah man zwei Bilder hängen. Zwei völlig gleiche.

Die Tür hinter sich offen lassend, durchschritt der Mann den Korridor, stieg die Treppe hinab, wobei er eine undefinierbare Melodie vor sich hin sang, und blieb vor der Rezeption – wenn man sie so nennen will – stehen. Dira war nicht da. Das Gästebuch lag wie immer auf seinem Pult. Der Mann begann zu lesen und steckte sich dabei das Hemd in die Hose. Komische Namen. Er schaute wieder in die Runde. Diese Pension war mit Sicherheit die allerverlassenste in der Geschichte der verlassenen Pensionen. Er betrat den Aufenthaltsraum, strich ein wenig um die Tische herum, roch an einem Blumenstrauß, der in einer scheußlichen Kristallvase verwelkte, ging auf die Glastür zu und öffnete sie.

Was für eine Luft. Und das Licht.

Er mußte die Augen halb schließen, so stark war es, und die Jacke mußte er enger um sich zusammenziehen bei all dem Wind, Nordwind.

Der ganze Strand vor ihm. Er stellte seine Füße in den Sand. Er schaute sie sich an, als seien sie in diesem Augenblick von einer langen Reise zurückgekehrt. Er schien ehrlich erstaunt, daß sie wieder da waren. Er hob erneut den Kopf und hatte einen Ausdruck im Gesicht, wie ihn Menschen manchmal haben, wenn ihr Kopf leer ist, entleert, glücklich. Das sind ganz merkwürdige Momente. Du würdest, ohne zu wissen warum, jeden Blödsinn machen. Er machte einen ganz, ganz einfachen. Er fing an zu rennen, aber zu rennen wie ein Verrückter, zum Luftwegbleiben, er stolperte und stand wieder auf; ohne auch nur einmal aufzuhören, rannte er, so schnell er konnte, als würde er von der Hölle verfolgt. Dabei verfolgte ihn überhaupt niemand, nein, nur, daß er rannte und sonst nichts, er allein den verlassenen Strand entlang, mit aufgerissenen Augen und im Hals pochendem Herzen, etwas, von dem man sagen würde, wenn man es sähe: der bleibt nie mehr stehen.

Wie gewöhnlich mit baumelnden Beinen auf dem Fensterbrett sitzend, löste Dood die Augen vom Meer, wandte sich zum Strand hin und sah ihn.

Es war göttlich, wie er rannte, da gab es gar nichts.

Dood lächelte.

»Er ist fertig.«

Er hatte Ditz an seiner Seite, den, der die Träume erfand und sie dann verschenkte.

»Entweder ist er wahnsinnig geworden, oder er ist fertig.«

Am Nachmittag waren alle am Strand, flache Steine werfen und sie hüpfen lassen und runde Steine werfen, um sie plumpsen zu hören. Alle waren sie zugegen: Dood, der extra von seiner Fensterbank heruntergestiegen war, Ditz, der mit den Träumen, Dol, der für Plasson so viele Schiffe entdeckt hatte. Dira war da. Und sogar das wunderschöne Kind, das in Ann Deveriàs Bett schlief – weiß der Himmel, wie es hieß –, war dabei. Alle waren da: um Steine ins Wasser zu werfen und dem Mann zuzuhören, der aus dem siebten Zimmer gekommen war. Ganz leise sprach er.

»Stellt euch zwei Menschen vor, die sich lieben ... die sich lieben. Und er muß aufbrechen. Er ist Seemann. Er geht auf eine große Reise über das Meer. Und sie stickt mit ihren Händen an einem Seidentaschentuch ... sie stickt ihren Namen hinein.«

»June.«

»June. Sie stickt mit einem roten Faden. Und denkt: Er wird es immer bei sich tragen, und es wird ihn vor allen Gefahren behüten, vor Sturm, vor Krankheiten ...«

»Vor großen Fischen.«

»… vor großen Fischen…«

»Vor den Bananenfischen.«

»… vor allem. Davon ist sie überzeugt. Doch sie gibt es ihm nicht gleich, das nicht. Vorher bringt sie es in ihre Dorfkirche und sagt zu dem Priester: Sie müssen es mir segnen. Es soll meinen Liebsten beschützen, und Sie müssen es segnen. Also legt der Priester es vor sich hin, beugt sich ein wenig darüber und zeichnet mit einem Finger ein Kreuz darüber. Er spricht einen Satz in einer komischen Sprache, und mit einem Finger zeichnet er ein Kreuz darüber. Könnt ihr euch das vorstellen? Eine ganz kleine Geste. Das Taschentuch, jener Finger, der Satz des Priesters, ihre lächelnden Augen. Könnt ihr das nachvollziehen?«

»Ja.«

»Dann stellt euch jetzt folgendes vor. Ein Schiff. Ein großes. Es läuft gerade aus.«

»Das Schiff von dem Seemann von vorhin?«

»Nein. Ein anderes Schiff. Aber auch dieses läuft gerade aus. Sie haben es blitzblank geputzt. Es schwimmt im Wasser des Hafens. Und vor sich hat es kilometerweit das Meer, das schon auf das Schiff wartet, das Meer mit seiner ungeheuren Kraft, das irrsinnige Meer, vielleicht wird es friedlich sein, aber vielleicht wird es das Schiff auch mit seinen Händen zermalmen und es verschlingen, wer weiß. Niemand spricht darüber, aber alle wissen, wie stark das Meer ist. Und dann besteigt ein schwarz gekleidetes Männchen das Schiff. Alle Seeleute sind an Deck mit ihren Familien, ihren Frauen, den Kindern, den Müttern, alle stehen schweigend da. Das Männchen geht leise vor sich hin murmelnd über das Schiff. Er geht bis zum Bug, kehrt dann zurück, er geht langsam zwischen den Seilen herum, den eingezogenen Segeln, den Tonnen, den Netzen. Er murmelt noch immer merkwürdige Dinge vor sich hin, und es bleibt kein Winkel des Schiffes übrig, bis zu dem er nicht vordringt. Schließlich bleibt er mitten auf der Brücke stehen. Und kniet nieder. Er senkt den Kopf und murmelt immerfort in seiner merkwürdigen Sprache, so daß man meinen könnte, er spräche mit ihm, mit dem Schiff, er würde ihm etwas sagen. Dann schweigt er unvermittelt und zeichnet langsam mit der einen Hand ein Kreuz auf die Holzbohlen. Das Kreuzzeichen. Und da wenden sich alle dem Meer zu mit dem Blick des Siegers in den Gesichtern, denn sie wissen, daß dieses Schiff heimkehren wird, es ist ein gesegnetes Schiff, es wird sich dem Meer stellen, und es wird ans Ziel kommen, nichts kann ihm schaden. Denn es ist ein gesegnetes Schiff.«

Sie hatten sogar aufgehört, Steine ins Wasser zu werfen. Sie hörten nur noch zu, regungslos. Im Sand sitzend, alle fünf, und um sie herum war kilometerweit niemand.

»Habt ihr das gut verstanden?«

»Ja.«

»Habt ihr all das deutlich vor Augen?«

»Ja.«

»Dann paßt auf. Jetzt wird es schwierig. Ein alter Mann. Schneeweiße Haut, magere Hände; er geht mühsam und schleppend. Er geht die Hauptstraße eines Dorfes hinauf. Hinter ihm Hunderte und Aberhunderte Personen, alle Leute des Ortes ziehen singend hinter ihm her, sie haben ihre Sonntagskleider angelegt, kein einziger fehlt. Der alte Mann geht weiter, und es ist, als sei er allein, völlig allein. Er kommt an die letzten Häuser des Dorfes, aber er bleibt nicht stehen. Er ist so alt, daß ihm die Hände zittern und ein wenig auch der Kopf. Aber er schaut ganz ruhig nach vorn und bleibt selbst dann nicht stehen, als er an den Strand kommt, er schiebt sich zwischen die im Sand liegenden Boote, und bei seinem wackligen Gang scheint er von einem Moment zum anderen hinzufallen, aber dann fällt er doch nicht. Ihm folgen all die anderen, einige Meter hinter ihm zwar, aber sie sind immer noch da. Hunderte und Aberhunderte Personen. Der Alte geht durch den Sand, und das fällt ihm noch schwerer, aber es ist ihm gleich, er will nicht stehenbleiben, und da er nicht stehenbleibt, kommt er schließlich bis ans Meer. Das Meer. Die Leute hören auf zu singen und bleiben ein paar Schritte vom Ufer entfernt stehen. Nun scheint er noch einsamer zu sein, der Alte, während er ganz langsam einen Fuß vor den anderen setzt und ins Meer hineingeht, nur er allein ins Meer hinein. Ein paar Schritte noch, und das Wasser reicht ihm bis zu den Knien. Seine durchnäßte Kleidung klebt ihm an den spindeldürren Beinen, nur Haut und Knochen. Die Welle gleitet vor- und zurück, und er ist so dünn, daß du denkst, sie wird ihn fortspülen. Aber nichts von alledem, er bleibt dort stehen, wie ins Meer eingepflanzt, die Augen starr nach vorne gerichtet. Die Augen geradewegs in die des Meeres gerichtet. Stille. Nichts bewegt sich mehr rings umher. Die Leute halten den Atem an. Ein Zauber.

Dann

senkt der Alte

den Blick,
taucht
eine Hand
ins Wasser
und
zeichnet
bedächtig
das Zeichen
eines Kreuzes.
Bedächtig *segnet er das Meer.*
Und das ist etwas Riesenhaftes, ihr müßt euch das
vorstellen, ein schwacher alter Mann, eine unmerkliche
Geste, und mit einemmal geht eine Erschütterung
durch das Meer, das ganze Meer, bis zum hintersten
Horizont, es bebt, es schüttelt sich, es löst sich auf, und
in seine Adern gleitet der Honig eines Segens, der jede
Welle verzaubert und alle Schiffe der Welt, die Unwetter, die tiefsten Abgründe, die finstersten Gewässer, die
Menschen und die Tiere, die Sterbenden, die Ängst-
lichen, die, die hinschauen, verhext, entsetzt, gerührt,
glücklich, gezeichnet, als das Meer mit einemmal eine
Sekunde lang den Kopf senkt, das ungeheure Meer, das
nicht länger Rätsel, nicht länger Feind, nicht länger
Schweigen ist, sondern Bruder und willfähriger Hort
und Schauspiel für die Geretteten. Die Hand eines alten
Mannes. Ein Zeichen im Wasser. Du schaust auf das
Meer, und es macht dir keine Angst mehr. Ende.«
Schweigen.
Was für eine Geschichte... dachte Dood. Dira
wandte sich um und schaute auf das Meer. Was für eine
Geschichte. Das wunderschöne Kind zog die Nase
hoch. Ob das wahr ist?, dachte Ditz.

Der Mann blieb ruhig im Sand sitzen und schwieg. Dol schaute ihm in die Augen.

»Ist das eine wahre Geschichte?«

»Es war eine.«

»Und sie ist es nicht mehr?«

»Nein.«

»Warum?«

»Niemand bringt es mehr zuwege, das Meer zu segnen.«

»Aber der alte Mann konnte es.«

»Der alte Mann war alt und hatte etwas in sich, das es heute nicht mehr gibt.«

»Einen Zauber?«

»So ähnlich. Einen schönen Zauber.«

»Und wo ist der hingekommen?«

»Abhanden gekommen.«

Sie konnten es einfach nicht glauben, daß er wirklich im Nichts verschwunden sein sollte.

»Schwörst du es?«

»Ich schwöre.«

Er war wirklich verschwunden.

Der Mann erhob sich. Von weitem sah man die Pension Almayer, fast durchsichtig in dem vom Nordwind verwässerten Licht. Es schien, als sei die Sonne in der helleren Himmelshälfte stehengeblieben. Und Dira sagte:

»Du bist hierhergekommen, um das Meer zu segnen, nicht wahr?«

Der Mann schaute sie an, machte ein paar Schritte auf sie zu, beugte sich zu ihr hinab und lächelte.

»Nein.«

»Was machtest du dann in dem Zimmer da?«

»Wenn man das Meer nicht mehr segnen kann, so kann man es vielleicht doch noch *verkünden*.

Das Meer verkünden. Das Meer verkünden. *Das Meer verkünden*. Damit nicht alles, was in der Geste jenes alten Mannes lag, verlorengehen möge, weil vielleicht doch noch ein Stückchen jenes Zaubers durch die Zeiten zieht, und irgendwie könnte man ihn vielleicht finden und festhalten, bevor er für immer entschwindet. Das Meer verkünden. Weil es das ist, was uns übrigbleibt. Weil wir, die wir ohne Kreuze, ohne alte Männer, ohne Zauber vor ihm stehen, doch eine Waffe haben müßten, irgend etwas, um nicht einfach still zu sterben und Schluß.

»Das Meer *verkünden*?«

»Ja.«

»Und du warst die ganze Zeit da drinnen, um das Meer zu verkünden?«

»Ja.«

»Aber wem denn?«

»Wem, ist nicht wichtig. Wichtig ist der Versuch, es zu verkünden. Irgendwer wird schon zuhören.«

Sie hatten sich schon gedacht, daß er ein wenig seltsam sein müßte. Aber nicht auf diese Weise. Auf eine verständlichere Weise.

»Und man braucht alle diese Blätter Papier, um es zu verkünden?«

Dood war es ganz allein zugefallen, die große Tasche voller Papier die Treppe hinunterzuschleppen. Die Sache hatte ihn nachhaltig verärgert.

»Eigentlich nicht. Wenn jemand ein wirklicher Könner wäre, würden ihm wenige Worte ausreichen ... Womöglich würde er mit vielen Seiten anfangen, wenn er dann aber nach und nach die richtigen Worte fände, solche, die in einem einzigen Mal alle anderen ausdrücken, käme er von tausend Seiten auf hundert, dann auf zehn, und die würde er dann liegenlassen und warten, bis die überflüssigen Wörter von den Blättern fortflögen, danach müßte er nur noch die verbleibenden aufsammeln und sie in wenigen Wörtern zusammenfassen, zehn, fünf, so wenige, daß man, je näher man sie betrachtet und ihrem Klang lauscht, am Ende nur noch ein einziges in der Hand hat. Und wenn du es aussprichst, verkündest du das Meer.

»Nur eins?«

»Ja.«

»Und welches?«

»Wer weiß.«

»Irgendein beliebiges Wort?«

»Ein Wort.«

»Auch so eins wie *Kartoffel*?«

»Ja. Oder auch *Hilfe*! oder *und so weiter*, man kann es so lange nicht wissen, bis man es gefunden hat.«

Während er sprach, schaute er sich im Sand um, der Mann aus dem siebten Zimmer. Er suchte einen Stein.

»Entschuldige mal …«, sagte Dood.

»Mhm.«

»Kann man auch *Meer* benutzen?«

»Nein, *Meer* kann man nicht benutzen.«

Er war aufgestanden. Er hatte den Stein gefunden.

»Dann ist es unmöglich. Es ist einfach unmöglich.«

»Wer weiß schon, was unmöglich ist.«

Er ging nahe ans Wasser heran und warf ihn weit ins Meer. Es war ein runder Stein.

»Plumps«, sagte Dol, der sich damit auskannte.

276

Doch der Stein begann auf dem Wasser zu hüpfen, einmal, zwei-, dreimal, er hörte gar nicht mehr auf, er sprang, daß es eine Freude war, immer weiter ins offene Meer hinaus, als hätte man ihm die Freiheit geschenkt. Es schien, als wolle er überhaupt nicht mehr haltmachen. Er machte auch nicht mehr halt.

Am Morgen darauf verließ der Mann die Pension. Der Himmel war seltsam, einer von denen, die schnell vorbeihuschen, als hätten sie es eilig, nach Hause zu kommen. Der Wind wehte aus Norden, heftig, aber ohne zu lärmen. Der Mann schritt voller Freude aus. Er nahm seinen Koffer und seine Tasche voller Papier und machte sich über die Straße, die am Meer entlang verlief, auf den Weg. Er ging schnell, ohne sich ein einziges Mal umzudrehen. So sah er nicht, wie sich die Pension Almayer von der Erde löste und sich ganz leicht in tausend Stücke auflöste, die aussahen wie Segel und hoch in die Luft stiegen, sie stiegen auf und nieder, *sie flogen* und nahmen alles mit sich in die Lüfte, auch jenes Land und jenes Meer und die Worte und die Geschichten, alles, wer weiß wohin, keiner weiß es, vielleicht wird eines Tages jemand müde genug sein, es ausfindig zu machen.

Ende

Alessandro Baricco

Seide

Roman. Aus dem Italienischen von
Karin Krieger. 132 Seiten. SP 2822

»Der Roman Alessandro Baricco ist gewebt, wie der Stoff, um den es geht: elegant und nahezu gewichtslos. Die Geschichte ist komponiert wie ein Musikstück, jedes Wort scheint mit Bedacht gewählt, jede Ausschmückung, jedes überflüssige Wort ist fortgelassen. Das schmale Buch bekommt durch diese Reduktion seine außergewöhnliche Dichte, seine kühle, in manchen Passagen spöttische, zugleich seltsam melancholische Stimmung.«
Sabine Schmidt, BücherPick

Land aus Glas

Roman. Aus dem Italienischen von
Karin Krieger. 270 Seiten. SP 2930

Ein Buch über die Welt der Sehnsucht und die Welt der Liebe, voller Poesie, Witz und Weisheit. Ein Buch über Zeit und Geschwindigkeit, über Musik und Gefühle, über Genies, Spinner und Erfinder.

Novecento

Die Legende vom Ozeanpianisten.
Aus dem Italienischen von Erika
Cristiani. 83 Seiten. SP 3085

Auf dem luxuriösen Ozeandampfer Virginian, der zu Beginn des Jahrhunderts zwischen der Alten und Neuen Welt hin- und herpendelt, wird ein ausgesetztes Baby gefunden, dem die Matrosen den Namen seines Geburtsjahres geben: Novecento – 1900. Ein seltsames Schicksal wird diesem Findelkind beschieden sein: Novecento wird zeit seines Lebens nicht mehr von Bord gehen. Als der sagenhafte Ozeanpianist wird er zur Legende. Er kennt nur seine Musik, die eine magische Anziehung auf alle ausübt, die sie hören. Bariccos poetische Sprache in »Seide« und seine Phantasie in »Land aus Glas« verbinden sich hier zu einer wundervollen Geschichte um Musik, Leidenschaft und die Macht der Freundschaft.

Alessandro Baricco

Novecento

Die Legende vom Ozeanpianisten. Aus dem Italienischen von Karin Krieger. 80 Seiten. SP 3522

Auf dem luxuriösen Ozeandampfer Virginian, der zu Beginn des Jahrhunderts zwischen der Alten und Neuen Welt hin- und herpendelt, wird ein ausgesetztes Baby gefunden, dem die Matrosen den Namen seines Geburtsjahres geben: Novecento – 1900. Ein seltsames Schicksal wird diesem Findelkind beschieden sein: Novecento wird zeit seines Lebens nicht mehr von Bord gehen. Als der sagenhafte Ozeanpianist wird er zur Legende. Er kennt nur seine Musik, die eine magische Anziehung auf alle ausübt, die sie hören. Bariccos poetische Sprache in »Seide« und seine Phantasie in »Land aus Glas« verbinden sich hier zu einer wundervollen Geschichte um Musik, Leidenschaft und die Macht der Freundschaft.

Oceano Mare

Das Märchen vom Wesen des Meeres. Aus dem Italienischen von Karin Krieger. 277 Seiten. SP 3521

Ein einsamer Maler, der mit Meerwasser das Meer täglich neu zu malen beginnt. Ein skurriler Wissenschaftler, der für eine Enzyklopädie die Grenzen des Ozeans festlegen will. Ein junges Mädchen, das zu zart ist, um zu leben, und zu lebendig, um zu sterben. Eine schöne Frau, die in der Abgeschiedenheit des Strandes von der Liebe genesen will. Sie gehören zu der illustren Gästeschar, die Alessandro Baricco in der Pension Almayer irgendwo am Meer, außerhalb jeder Zeit, versammelt hat. Die philosophisch anregenden Gespräche der hier Gestrandeten und die geheimnisvolle Atmosphäre dieses symbolträchtigen Mikrokosmos üben auf den Leser eine einmalige magische Anziehungskraft aus. »Oceano Mare« ist ein Buch voll Poesie und Weisheit. Ein Buch über die Sehnsucht nach Erkenntnis und Wahrheit, Erfüllung und Vollkommenheit. Ein Buch über Genies, Träumer und Sinnsucher.

Alessandro Baricco

Oceano Mare

Das Märchen vom Wesen des Meeres. Aus dem Italienischen von Erika Cristiani. 279 Seiten.
SP 3322

Ein einsamer Maler, der mit Meerwasser das Meer täglich neu zu malen beginnt. Ein skurriler Wissenschaftler, der für eine Enzyklopädie die Grenzen des Ozeans festlegen will. Ein junges Mädchen, das zu zart ist, um zu leben, und zu lebendig, um zu sterben. Eine schöne Frau, die in der Abgeschiedenheit des Strandes von der Liebe genesen will. Sie gehören zu der illustren Gästeschar, die Alessandro Baricco in der Pension Almayer irgendwo am Meer, außerhalb jeder Zeit, versammelt hat. Die philosophisch anregenden Gespräche der hier Gestrandeten und die geheimnisvolle Atmosphäre dieses symbolträchtigen Mikrokosmos üben auf den Leser eine einmalige magische Anziehungskraft aus. »Oceano Mare« ist ein Buch voll Poesie und Weisheit. Ein Buch über die Sehnsucht nach Erkenntnis und Wahrheit, Erfüllung und Vollkommenheit.

Cristina Michelotti

Die Teestunde

Roman. Aus dem Italienischen von Claudia Denzler. 144 Seiten.
SP 2838

Es war eine Liebe auf den ersten Schrei: Großmutter und Enkelin trennte nur die dicke Glasscheibe in der Säuglingsstation. Großmutter klopfte an die Scheibe, und die kleine Antonella antwortete mit Gebrüll. Das Gespräch war eröffnet. Seit ihrer Kindheit besucht Antonella regelmäßig ihre heißgeliebte Großmutter Rosetta, und die Teestunde, die die beiden jedesmal zelebrieren, ist zum festen Bestandteil in ihrem Leben geworden. In Großmutters kleiner Wohnung – Antonella auf ihrem Lieblingssofa und die Nonna auf dem Sessel - entfaltet sich vor dem Leser die ganz alltägliche und liebevolle Beziehung zwischen zwei Generationen, die doch so viel trennt. Gefühlvoll und mit großem Charme schildert Cristina Michelotti die Beziehung dieser beiden so verschiedenen Frauen, die aber durch Liebe und Respekt innig verbunden sind.

SERIE PIPER

Isabella Bossi Fedrigotti

Zwei Schwestern aus gutem Hause
Roman. Aus dem Italienischen
von Sigrid Vagt. 240 Seiten.
SP 2182

Liebe, Haß und Eifersucht sind
die Gefühle, die die beiden
Schwestern Clara und Virginia
ein Leben lang verbinden. Gemeinsam in einem großbürger-
lichen Südtiroler Landhaus
aufgewachsen, könnten sie ver-
schiedener nicht sein: Clara,
die jüngere, dunkelhaarig, me-
lancholisch, verschlossen; Virginia dagegen eine blonde
Schönheit, lebenshungrig und
rebellisch gegen die längst
überholte Lebensweise ihres
Elternhauses. Doch ist Clara
wirklich die Edle, Tugendhafte,
die von ihrer leichtlebigen
Schwester um das Lebensglück
gebracht wurde? Ein raffinier-
ter Frauenroman, ausgezeichnet mit dem Premio Campiello.

»Auffällig ist die von Isabella
Bossi Fedrigotti gewählte
Form, und man könnte speku-
lieren, ob hierdurch autobio-
graphische Momente in die Erzählung einfließen. Denn unge-
wöhnlicherweise ist der erste
Lebensrückblick der jüngeren
Schwester Clara in der zweiten
Person geschrieben, die nach-
folgende Lebensgeschichte der
Virginia dagegen in der ersten
Person, wodurch der Eindruck
einer größeren Zuneigung zu
ihr vermittelt wird.
Aus dieser erzählerischen Kon-
frontation resultieren im we-
sentlichen die Spannung und
der Reiz dieses Romans; für
den Leser erhellen sich zudem
viele Geschehen... Ein ver-
söhnliches Ende, so ahnt man,
wird es für die beiden Damen
nicht geben.«
Die Welt

Palazzo der verlorenen Träume
Roman. Aus dem Italienischen
von Viktoria von Schirach und
Barbara Krohn. 240 Seiten.
SP 2718

Liebling, erschieß Garibaldi!
Roman. Aus dem Italienischen
von Ursula Lenzin. 204 Seiten.
SP 2331

Mit der romantischen Ge-
schichte ihrer Urgroßeltern
schildert Isabella Bossi Fedrigotti die Welt einer Adelsfami-
lie in politisch brisanter Zeit.

Giorgio Bassani

Die Brille mit dem Goldrand

Erzählung. Aus dem Italienischen von Herbert Schlüter. 106 Seiten. SP 417

»Bassani zeigt den lautlosen Fortschritt des Verhängnisses, während sich nach außen hin so wenig ändert – mit dieser Fähigkeit, den wirklichen Gang der Dinge aufzuzeichnen, weist er sich als echter Erzähler aus.«
Franz Tumler

Die Gärten der Finzi-Contini

Roman. Aus dem Italienischen von Herbert Schlüter. 358 Seiten. SP 314

»Mit den ›Gärten der Finzi-Contini‹ legte Bassani seinen ersten Roman vor... eine Meisterleistung. Er liest sich fast wie eine Chronik, die ›Mémoire‹ dreier Jahre im Leben eines jungen Mannes, der zur Jeunesse dorée einer Provinzstadt in Italien, Ferrara, rechnet und plötzlich, 1937, mit der Rassengesetzgebung des Spätfaschismus zum Paria wird. Mit der Präzision eines Archäologen hebt Bassani ein Stück Leben Schicht um Schicht ans Licht.«
Die Welt

Hinter der Tür

Roman. Aus dem Italienischen von Herbert Schlüter. 174 Seiten. SP 386

»Unter den lebenden Erzählern könnte nur noch Julien Green eine solche Verbindung von Zartgefühl und (scheinbar) unbemühter Schlichtheit treffen. Aber Bassani ist ein Julien Green ohne die Rückendeckung des Glaubens. Er unternimmt seinen Rückzug in die vielgeschmähte Innerlichkeit ganz auf eigene Rechnung und tut damit... eher einen Schritt nach vorn, nämlich auf eine Literatur zu, die die Welt nicht nur vermessen will, sondern bereit ist, sie auch in den Antworten zu erkennen und anzuerkennen.«
Günter Blöcker

Der Reiher

Roman. Aus dem Italienischen von Herbert Schlüter. 240 Seiten. SP 630

»Bassani beherrscht die Kunst, seine Personen von sich wegzuschieben und sie quasi in einen Spiegel zu stellen.«
Eugenio Montale

Ferrareser Geschichten

Aus dem Italienischen von Herbert Schlüter. 250 Seiten. SP 430

SERIE PIPER

Rosetta Loy

Winterträume

*Roman. Aus dem Italienischen
von Maja Pflug. 274 Seiten.
SP 2392*

»Musterbeispiel eines Frauen-
romans – nicht, weil er von
einer Frau geschrieben wurde,
sondern weil er das Leben und
die Welt aus einem unverwech-
selbar weiblichen Blickwinkel
betrachtet... Rosetta Loy hat
ein Buch geschrieben, das in die
Literaturgeschichte eingehen
wird.«

Frankfurter Allgemeine

Straßen aus Staub

*Roman. Aus dem Italienischen
von Maja Pflug. 304 Seiten.
SP 2564*

Ein altes Haus im Piemont
Ende des achtzehnten Jahrhunderts, zweistöckig, mit Nuß-
baum, Brunnen und Allee, mit
Heuschober und Ställen. Hier
spielt die Geschichte, die vom
Leben, Lieben und Sterben
einer Familie erzählt. Das Haus
wird neu gestrichen, ist hell
und voller Erwartung, als
Giuseppe Maria ins Haus
holt. Beklemmende Stille breitet sich aus, als Fantina, Marias
Schwester, drei Jahre lang an
Giuseppes Bett sitzt und ihn
⸺t, bis er stirbt. Das große

Familienepos nimmt seinen
Lauf über drei Generationen –
sinnenfroh und tragisch, skur-
ril und mitreißend.

Schokolade bei Hanselmann

*Roman. Aus dem Italienischen
von Maja Pflug. 288 Seiten.
SP 2630*

Hauptschauplatz von Rosetta
Loys meisterhaftem Roman ist
eine elegante Villa in den Enga-
diner Bergen, in der sich während des Zweiten Weltkriegs
ein leidenschaftliches Familien-
drama abspielt. Die schönen
Halbschwestern Isabella und
Margot lieben beide denselben
Mann, den charismatischen
jüdischen Wissenschaftler Ar-
turo.

»In den Romanen und Erzählungen von Rosetta Loy dürfen
die Ereignisse sich entfalten in
dem weiten Raum, den die Autorin für sie erschafft. Ein
Raum, der gleichermaßen Platz
hat für Verfolgung und Tod wie
für einen Blick, der zwei Menschen entzündet.«

Süddeutsche Zeitung

Im Ungewissen der Nacht

*Erzählungen. Aus dem
Italienischen von Maja Pflug.
236 Seiten. SP 2370*

Elsa Morante

La Storia

*Roman. Aus dem Italienischen
von Hannelise Hinderberger.
631 Seiten. SP 747*

Während und nach dem Zweiten Weltkrieg ereignet sich das Schicksal der Lehrerin Ida und ihrer beiden Söhne. Elsa Morante entwirft ein figurenreiches Fresko der Stadt Rom mit den flüchtenden Sippen aus dem Süden, dem Ghetto am Tiber, den Kleinbürgern, Partisanen und Anarchisten. Der Roman war neben Tomasi di Lampedusas »Der Leopard« und Ecos »Der Name der Rose« der größte italienische Bestseller der letzten Jahrzehnte.

La Storia das heißt: *Die Geschichte* im doppelten Sinn des Wortes. Elsa Morante breitet in diesem Roman das unvergleichliche und unverwechselbare Leben jener Unschuldigen vor uns aus, nach denen die Historie niemals fragt.

In Italien, in Rom, erleben Ida und ihre beiden Söhne den Faschismus, die Verfolgung der Juden, die Bomben. Nino, der Ältere, der sich vom halbwüchsigen Rowdy zum Partisanen und dann zum Schwarzmarktgauner entwickelt, ist ein strahlender Taugenichts. Sein Bild tritt zurück vor der leuchtenden Gestalt des kleinen Bruders Giuseppe, dem es nicht beschieden ist, in dieser Welt eine Heimat zu finden. Trotzdem ist seine kurze Laufbahn voller Glanz und Heiterkeit. In seiner seltsamen Frühreife besitzt der Junge eine größere Kraft der Erkenntnis als die vielen anderen, die blind durch die Geschichte gehen, eine Geschichte, die alle zu ihren Opfern und manchmal auch die Opfer zu Schuldigen macht.

Der Roman ist in einer dichten und spröden Sprache geschrieben, die den Fluß der Erzählung mit psychologischer und historischer Deutung aufs engste verbindet.

»Diese Geschichte ist der... nein, gewiß nicht ›schönste‹, aber der aufwühlendste, humanste und vielleicht wirklich der größte italienische Roman unserer Zeit.«

Nino Erné in der WELT

Cristina Comencini

Die fehlenden Tagebuchseiten

Roman. Aus dem Italienischen von Sabina Kienlechner.
219 Seiten. SP 2280

Federica, neunzehn Jahre, jüngste Tochter einer wohlhabenden römischen Familie, ist eine sensible und intelligente Philosophiestudentin – und Sorgenkind der Familie. Zurückgezogen und verschlossen, kompliziert und überempfindlich, verweigert sie sich immer mehr. Einzig ihr Vater, der erfolgreiche Geschäftsmann Guido Forte, hat Zugang zu ihr, hat Federicas Vertrauen. Sie schreiben sich Briefe und kleine Zettelchen. Federicas Zustand verschlimmert sich, sie verbringt die Tage in tiefer Depression im Bett, bis es ihrem Vater gelingt, das Eis zu brechen. Er darf ihr Tagebuch lesen, aus dem zwei Seiten herausgerissen sind. Da erfährt er von Marco und von Federicas Erlebnissen in den Armen dieses zwielichtigen Liebhabers…

Grazia Livi

Geheime Bindungen

Aus dem Italienischen von Maja Pflug. 234 Seiten. SP 2534

In diesen wunderbaren, ganz realistischen Geschichten begegnen wir lauter Männern: einem jungen Gott, einem Verführer, einem Mann in der Ferne, einem Vater aus Papier, einem belauerten Sohn – und Frauen, in deren Blick sie sich spiegeln. Es ist der Blick der Liebe, der Neugier, des Staunens auf das andere Geschlecht, das geheimnisvoll anziehend und fremd zugleich ist. Grazia Livi erzählt alltägliche Geschichten, in denen Männer wie Frauen in typischen, geradezu klassischen Verhaltensweisen gezeigt werden, sie beschreibt Entfernungen und Verluste. Diese poetischen Erkundungen lesen sich wie der unveröffentlichte Katalog eines Don Juan – aber von der anderen Seite gesehen: der Mann in den Augen der Frau.

Fleur Jaeggy

*Die seligen Jahre
der Züchtigung*
Novelle. Aus dem Italienischen
von Barbara Schaden. 120 Seiten.
SP 2453

Das »Bausler« in Appenzell,
ein Mädchenpensionat in den
fünfziger Jahren – ein Ort, pa-
radiesisch und infernalisch,
denn hier werden Mädchen
diszipliniert, bis Disziplin
selbst zur Lust wird. Die Ich-
Erzählerin, um die vierzehn
Jahre alt und ganz der Anstalt
ausgeliefert, ist empfänglich
für den morbiden Reiz der Disziplin. Sie verfällt Frédérique,
der Neuen, der Ordnung, Ver-
achtung, Perfektion zur zweiten Natur geworden sind. Das
Buch erzählt die Geschichte einer Liebe, die die Erzählerin
erst Jahre später in ihrer Intensität und Ambivalenz zwischen
eisiger Askese und unterdrück-
ten erotischen Wünschen beschreiben kann. Und es erzählt
gleichzeitig die Geschichte einer Krankheit: »Ich wollte eine
Heranwachsende zeigen, die
einem Wahn erliegt«, schreibt
Fleur Jaeggy lapidar über ihre
Novelle.

*Die Angst vor dem
Himmel*
Erzählungen. Aus dem
Italienischen von Barbara Schaden.
108 Seiten. SP 2602

Alle Protagonisten in diesen sieben Erzählungen verweigern
sich unserer Vorstellung von
Glück oder Unglück. Zum Beispiel Marie-Anne, die Mutter,
die alle einigermaßen glückli-
chen Möglichkeiten ausschlägt,
ihr ungeliebtes Kind wegzuge-
ben, und den unglücklichsten
Weg wählt, es zu behalten. Sie
alle haben Angst vor dem Himmel, Angst vor dem Pakt, den
sie selbst mit falschen Vorraus-
setzungen eingegangen sind,
mit Vorurteilen, mit blinden
Wünschen ihrer Eltern. Mit
verstörender Präzision und
einer bestechend kristallenen
Sprache beschreibt Fleur
Jaeggy die Grausamkeit des
menschlichen Empfindens.

»Diese Kunst der ebenso har-
ten wie poetischen Sprachfin-
dung, der Verdichtung und
Verknappung beherrscht die
Autorin Fleur Jaeggy auf mei-
sterliche Weise.«
Süddeutsche Zeitung

SERIE PIPER